生活 발효

그동안 패스트푸드를 너무 먹었어!

for book

여는 글

내 몸을 받드는 일 · 인생 발효

내 인생을 받들 준비 · 음식 발효

요즘은 아무래도 먹고 사는 일이 화두인가 싶습니다. 텔레비전만 틀었다 하면 음식 얘기가 쏟아집니다. 노래하고, 춤추고, 웃기는 쇼 프로그램이나 온갖 세상만사가 다 펼쳐지는 드라마 같은 것도 어쩐지 밥상이며 음식 때문에 슬쩍 뒤로 밀려난 듯 보여요. 사는 게 다들 어려운 모양입니다. 잘 먹고 잘 사는 일을 삶의 화두로 꼽고 있는 걸 보니 말입니다.

그런데 그 먹는 이야기의 대부분이 건강과 직결된 것들이라 사실, 은근히 중독성이 있습니다. 자꾸만 귀기울여 듣게 되는 거예요. 아직 젊은 저희들이 그럴 때는 연세 지긋하신 어른들이야 두 말할 나위가 있을까요? 덕분에 저희 집은 요즘 아주 음식이, 음식이… 지천입니다. 먹거리들에 치여서 발 디딜 틈 없는 지경이 되고 말았거든요. 주방 한계선을 넘어선 갖은 식재료들이 거실과 베란다, 방까지 깊숙하게 침입하고 있거든요. 그렇게 만든 장본인? 다름아닌 제 시어머니입니다.

"우엉이 그렇게 좋단다. 애어른할 것 없이 우엉을 챙겨 먹어야 사람 노릇한다는데?"

아침에 한 마디하십니다. 저녁에 들어가보면 집 안이 흙밭, 아니 우엉밭입니다. 우엉을 한 자루나 들여서 하루 종일 그 껍질을 까느라 어머니는 실신 직전이 되어 있죠.

"버섯을 말려 먹으면 효과가 따따블이란다. 세상에! 여태 그걸 몰랐구나."

이번에는 버섯! 건조기가 따로 없으니 거실 전체를 버섯이 뒤덮고 있죠. 버섯 때문에 화장실 가기도 어렵고, 버섯 피해 다니느라 방방이 얌전히 틀어박혀 있어야 할 처지입니다.

"매실청을 좀 담가야겠는데… 톡 치면 짝 쪼개지면서 씨가 나온다는데…."

헌데 톡 쳐도 좀처럼 짝 쪼개질 기미가 안 보이는 매실 때문에 어머니의 화가 정수리까지 치솟습니다. 그 매실, 씨를 품은 채로 병 속에 갇혔습니다.

파뿌리가 좋다 하니 장정 몸뚱아리만 한 대파가 열댓 단, 양파의 효능을 들었으니 이번에는 아기 머리통만 한 양파가 수 백 개! 그뿐일까요. 양파 껍질로 차를 끓여 마시면 좋다고 하니 그 껍질을 죄 까서 거실에 말리는 통에 숨만 쉬면 양파 껍질들이 날아다닙니다. 민들레 홀씨도 아니고… 왜들 그렇게 염치없이 풀풀 날아다니는지!

어머니의 방에서는 메주가 익어가고, 거실에는 온갖 말랭이들, 베란다에는 가지각색 엑기스들이 병병이 담긴 채 끈적끈적하게 살고 있으며 그 병들 한 옆으로는 꾸덕꾸덕 말라가는 가자미와 조기 같은 것들이 비릿하게 줄을 서 있습니다.

사람이 살겠습니까? 음식들끼리 잘 살아 보라고 집을 내주고 나가야 할 판입니다. 주부인 제가 이럴 때, 대학생 아들과 남편이야 오죽하겠나, 이 말입니다. 하! 이것 참!

그런데 말입니다. 요즘은 또 어머니의 그 찬란한 음식 놀이를 고스란히 접수한 제가 주방에서 설치고 다닙니다. 홈쇼핑에서 건진 요구르트 제조기로 매일매일 1리터씩 요구르트를 만들죠. 주서기에서 뽑아내는 채스와 과일 주스도 매일, 침뿌리며 둥굴레 같은 걸 푹푹 끓여 내는 약차도 매일! 채소는 되도록 아삭아삭 씹어 먹으라 하기에 냉장고 가득 갖은 채소들 쟁여 두고는 식구들 입에다 들이댑니다.

가만 보니 이 모두가 발효의 일환이었음을… 이 책을 만들면서 졸감했습니다. 과연! 어머니도, 저도, 아주 잘하고 있었던 겁니다. 게다가 효소가 우리 몸에 들어가 얼마나 장한 업적들을 이루는지에 대해 차근차근 배우고 보니 그간 무시하고 툴툴거렸던 우리 집의 식재료들이 귀엽다못해 고맙기까지 합니다.

그런 얘기, 먹고 사는 얘기, 조금은 구내 나는 이야기들을 하려고 합니다. 흙이 빚고, 세월이 키워서 맛이 든 음식들이 얼마나 값진 것인지에 대해 다시 한 번 배우고 가는 시간이 될 것 같습니다. 바쁘다는 핑계를 더면서 쓰레기보다 못한 음식들로 위장을 채우며 살았으니 이제 내 몸에게도 좋은 일 좀 해야 할 때가 아닌가 말입니다.

음식보다 좋은 약은 없다고 합니다. 특히나 발효 음식은 그 진가가 대단합니다. 먹는 그대로 약이 되는, 최고의 음식인 셈입니다. 그러니 거실에서 버섯이 좀 굴러 다녀도, 양파 껍질이 날아 다녀도 군소리하지 말아야겠습니다.

"엄마, 할머니 방의 메주는 언제쯤 사라질 것 같아? 냄새가 심해서 도저히 못 참겠는데?"
"그래? 그럼 니가 나가. 너 없이는 살아도 메주 없이는 안 되겠는데."
"그렇군. 정말 인자한 엄마야."

장맛의 깊이를 알기 위해서는 인삽을 알아야 한답니다. 그러니 메주 알기를 햄버거보다 못한 걸로 인식하고 있는 스물 몇 살의 제 아들은 아직 멀었습니다. 개도 좀 발효가 되어야 어른이 될 것 같습니다. 몸을 받드는 좋은 음식이야말로 인생살이의 기본이 된다는 사실을 알기 위해서는 철이 좀 더 들어야 할 테지요.

네. 그렇습니다. 좋은 음식, 건강한 식습관이 곧 인생의 기초입니다. 바른 밥상에서 행복한 생각이 나올 거예요. 그러니 부디 음식도, 인생도… 발효 좀 하십시다.

〈에프북〉 일동

편집자 일지

세월이 약이었더라!

묵힌 음식의 新세계에 매료된 에디터 P의 사연

시간은 공평하게 흐른다. 그놈의 시간은 언제나 청춘일 것만 같던 나를 가뿐하게 밟고 지나가더니 어느덧 마흔을 선사했다. 그런데 마음은 청춘이니까, 하며 나이를 무시했더니 몸이 내게 신호를 보내기 시작했다. 우선 기름기 반질거리던 피부가 건조해진다. 발뒤꿈치 미는 돌을 내 손으로 사게 되는 날이 올 줄이야!

밤을 새지 않아도 눈이 침침해지고, 관절이 삐거덕거린다. 목욕물에 들어가면 '어~시원하다'라는 말이 절로 나오고, 평생 먹던 음식인데 같은 양을 먹어도 군살이 척척 달라붙는다. 노화니 디톡스니 영양제에 운동 등 평생 나와는 상관없을 것 같았던 단어들에 어쩌자고 귀가 쫑긋해진다. 게다가 내 몸이 점점 기운을 잃어 가고 있다는 자각이 들기 시작하자, 도드라진 팔자 주름을 발견했던 날보다 더 서글퍼졌다.

점점 둔해지는 몸을 되살려보기 위해 처음 시작한 것이 덴마크 다이어트였다. 자몽을 박스로 배달시키고, 냉장고에는 스테이크 고기를 척척 쌓아 두고, 전기 압력밥솥에다 구운 달걀을 만들었다. 결과는? 숨 쉴 때마다 입에서 달걀 냄새가 진동하고, 고기를 하도 먹어서 소화가 더딘지 방귀를 뿡뿡 뀌어대다가 한 달 만에 3백 개의 달걀을 소진시키고는 끝이 났다.

역시 원하는 만큼 먹는 걸로는 안 되겠다 싶어 간헐적 단식에 도전하기로 마음먹고, 나구모 요시노리의 『1日1食』 책을 정독했다. 식사량을 줄이고 몸에 좋은 걸 먹는다는 게 이렇게 힘든 거였구나, 하는 결론을 내리는 순간! 나보다 먼저 노화의 길을 걷던 남편이 지인들과 함께 '효소 다이어트'를 시작했다. 너무 혹독한 길이라 혼자서는 갈 수 없다고 했다. 하루에 30g 분량의 가루를 한 봉씩 먹으며 일주일 내내 죽어라 굶는 거였다. 아, 소금은 조금 먹더라.

보식 기간 포함, 2주 만에 10kg을 감량한 뒤 소금이 이렇게 맛있었는지 몰랐다며 호들갑을 떠는 남편을 보며 나 역시, 검은콩을 발효시켜 분말로 만들었다는 유산균 식사를 주문했다. 하지만 가루만 먹고 버티기도 힘든 데다, 10kg 감량을 달성한 뒤 다시 평소의 정크푸드 식생활로 돌아간 지 채 한 달도 안 돼 제 몸무게를 되찾은 남편을 보고 단호하게 단식을 중단했다. 정 몸이 불어나면 남몰래 한의원이나 피부과에 가서 살 빠지는 약을 조제해 먹으리라, 다짐한 것이 내 평생 처음 시도해 본 다이어트의 마무리였다.

그러던 중 온갖 뷰티 정보에 밝은 담당 에디터가 주스 다이어트를 제안했다. 과일과 채소를 착즙한 것을 사흘 내내 마시는 것이었다. 다이어트 때문이 아니라 그냥도 먹는데 상큼함이라도 즐겨보리라 생각하고 500㎖ 주스 세 병을 3만원대에 구입했다. 어라? 그런데 이게 배도 안 고프고 할만 했다.

하루, 이틀, 사흘… 몸무게는 크게 빠지지 않았지만 몸이 정말 가뿐해지고, 화장실도 잘 가고, 다이어트를 하는 동안 하나도 힘들지 않았다. 심지어 일주일 가량 쭉 하고 싶을 정도였다. 무엇보다 다이어트가 끝나고 먹는 모든 음식이 그렇게 짜고 자극적일 수가 없었다. 몸이 진정 맑아졌다는 느낌이랄까?!!

이런 내 몸의 현상이 궁금해서 알아보니 꽤 오래전부터 일본을 거쳐 우리나라에 이르기까지 선풍적 인기를 끌고 있는 효소주스 다이어트와 같은 맥락이었다. 기본적으로 소화부터 시작해 몸의 신진대사를 원활히 하며, 면역력을 높이고, 노화를 예방하는 데 효소만 한 것이 없다는 결론이다.

효소의 중요성을 일본에서만 주목했을 리 없다. 서양에서는 가열하지 않은 음식을 먹는 로푸드(Raw food)와 더불어 채식이 선풍적인 인기를 끌고, 일본에서는 보다 간편하게 효소를 섭취할 수 있게 주스 형태로 된 제품들이 많다. 우리나라는 제철 과일과 채소를 설탕에 재워 발효시킨 엑기스나 곡물을 빻아 물에 타먹는 선식 등이 대표적이라고 할 수 있다. 게다가 효소가 풍부한 각종 발효 식품은 우리나라 음식의 전매특허가 아닌가.

역류성 식도염에 만성 소화불량, 곧 위궤양으로 발전할 것 같은 위염을 친구 삼아 살기에는 아직 평균 수명이 반도 더 남았다는 자각이 들었다. 원인을 알 수 없는 현대인의 갖가지 병에는 '면역력 부족'이라는 이슈가 붙지 않는가. 면역력을 키우려면 먹는 것뿐 아니라 라이프스타일까지 자연스럽게 바꿔야 한다. 그 방법은 5대 영양소를 뛰어넘어 전 세계적으로 주목받고 있는 효소의 힘을 빌리는 것이다. 그래서 단식, 채식, 해독… 효소와 같이 가는 길은 마음의 디톡스까지 함께하는 뉴에이지풍의 라이프스타일이리라.

"현재 당신의 건강 상태가 나빠지고 있다면 당신이 사랑하는 사람에게 어떤 영향을 미치겠는가?"

미국의 디톡스 전문가이자 심장 전문의 알레한드로 융거 박사의 질문에 정신이 번쩍 들었다. 소 잃고 외양간 고치는 상황이 오기 전에 면역력에 주목하면서 진정한 내추럴 라이프, 그러니까 '발효 생활'에 입문하게 되었다. 그리고 지금, 어쩌면 나와 크게 다르지 않을 독자들의 라이프스타일에도 '발효'가 가미되기를 진심으로 바란다.

02	**여는글** 내 몸을 받드는 일·인생 발효
04	**편집자 일지** 묵힌 음식의 新세계에 매료된 에디터 P의 사연

차례

自然 효소
가족 건강 지켜주는 최고의 물질

14	효소, 왜 좋은 걸까?
18	효소, 쉽게 친해질 방법은 없을까?
20	효소, 어떻게 먹는 게 좋을까?
24	효소를 만드는 작용, 발효란?
26	발효 음식이 몸을 살리는 이유

발효 食事
맛있게 건강해진다! 발효음식 잘 먹기

30	발효 엑기스 : 꾸준히 먹으면 소화를 돕고 면역력을 높여준다
33	담그기 전에…
34	〈농촌진흥청〉 추천, 안전 발효 재료들
38	담글 때…
40	먹을 때…
42	도전! 실패 없는 발효 엑기스 만들기
46	실전! 발효 엑기스 매일 먹기
47	아하! 엑기스 찌꺼기까지 활용하기
48	추천! 엑기스별 효능 알아보기

50   발효 조미료
     : 세월로 다스려서 더 이롭게! 전통 음식의 혜택

52   된장 이야기 1
     : 2~3년 묵혔을 경우 맛과 향이 가장 좋다

54   된장 이야기 2
     : 유익균을 듬뿍 섭취할 수 있는 된장 레시피

56   간장 이야기
     : 간도 잘 맞추고 발효 능력도
       탁월한 건강의 감초

58   간장 한번 담가볼까?

62   식초 이야기 1
     : 효소 활동을 돕는 만병통치약

64   식초 이야기 2
     : 유익균을 듬뿍 섭취할 수 있는 식초 레시피

66   식초 이야기 3
     : 도전! 홈메이드 식초 만들기

70   김치 이야기 1
     : 장까지 도달하는 유산균에 주목할 것

71   김치 이야기 2
     : 유익균을 듬뿍 섭취할 수 있는 김치 레시피

72   장아찌 이야기 1
     : 제철 식재료, 숙성과정을 거치면서 보약이 된다

74   장아찌 이야기 2
     : 유익균을 듬뿍 섭취할 수 있는 장아찌 레시피

78   젊은 발효! 수제 요구르트
     : 유익균은 늘리고, 유해균은 차단하는
       위풍당당 별식

80   수제 요구르트 이야기 1
     : 맛있다, 섞어 먹는 재미가 있다,
       애들도 좋아한다!

82   수제 요구르트 이야기 2
     : 유익균을 듬뿍 섭취할 수 있는 요구르트 레시피

발효 生活
가까이할수록 건강해지는 EM발효액에 대하여

86   EM 발효액이 뭐지?
     : 청소와 빨래, 해충 제거…
       독한 세제 없이도 거뜬하다

88   EM 발효액이 왜 좋지?
     : 환경도 살리고, 사람도 살리는 참 이로운 용액

90   EM 발효액은 어떻게 만들지?
     : 술 담그듯 술술, 내친김에 다 같이 만들어보기

92   EM 발효액 어디에 쓰지?
     : 어느 공간에서나 큰 힘이 되는 특급 도우미

94   주방에서

98   세탁할 때

102 청소할 때

106 씻을 때

108 예뻐지고 싶을 때도

110 **닫는글** 세월이 가면

自然 효소

가족 건강 지켜주는 최고의 물질

1 효소, 왜 좋은 걸까?

무너진 면역 체계를 잡아주는 효소

사람이 자신의 건강에 대해 경각심을 갖는 것은 딱 두 가지 경우다. 몸 상태가 나빠졌거나 노화를 자각했을 때다. 대부분의 사람들은 늘 하던 대로, 생긴 그대로, 가장 편한 상태로 살려고 하기 때문에 평생 반복해 온 생활 방식과 식습관을 바꾸려 하지 않는다. 몸의 어디가 아프거나, 갑작스럽게 살이 찌거나, 생애 전환기라는 40세를 전후해서야 겨우 자신의 몸을 돌아보게 된다.

좋은 식습관을 유지하는 것이야말로 건강한 삶을 지키고, 아름다운 몸을 가질 수 있는 최상의 비결이다. 건강에 관심 있는 사람이라면 누구나 수긍할 만한, 일명 '잘 먹고 잘 사는 법'은 생각보다 쉽고 간단하다. 문제는 그것을 지키는 일이 수월하지 않다는 것! 그럼에도 불구하고 한 번 더 짚고 넘어가볼까?

1 소식을 한다.
2 제철 생채소와 과일을 듬뿍 먹는다.
3 약알칼리성의 좋은 물을 하루 1리터 이상 마신다.
4 충분한 수면을 취한다.
5 운동을 꾸준히 한다.

여기에 덧붙여 또 한 가지 비결을 알려주고자 한다. 바로 발효에 의해 생성되는 효소를 듬뿍 섭취하라는 것이다. 효소 영양학자들은 천식, 비염, 알레르기, 아토피, 암 등의 질병이 면역 체계가 무너진 데서 비롯된다고 주장하며, 효소를 적절히 섭취하면 이런 병들을 자연스럽게 치유할 수 있다고 한다.

숨 쉬는 것, 음식물을 소화시키는 것, 혈액 순환을 좋게 하는 것 등… 효소는 생명을 유지시키는 가장 중요한 영양소 중 하나다. 효소는 1985년 미국 에드워드 하웰 박사가 『효소 영양학』이라는 책을 내면서부터 아홉 번째 영양소로서 본격적인 연구가 시작되었다.

인간의 몸에는 약 2만여 개의 효소가 있을 것으로 추정하고 있는데, 이 효소가 많고 적음에 따라 병에 걸리느냐 안 걸리느냐가 결정되기도 한다. 에드워드 하웰 박사에 따르면 몸에 쓸 만한 효소가 얼마나 있느냐에 따라 인간의 수명이 좌우된다는 것이다. 세상의 모든 생명체에서 일어나는 화학 반응 즉 생로병사는 이 효소와 관련되어 있다. 식물의 경우 씨앗에서 싹이 트고 열매가 익고 나뭇잎이 물드는 것도 모두 효소 활동 덕분이다. 효소 연구의 시조인 에드워드 하웰 박사는 효소를 '생명의 빛'이라고까지 말했다.

평생 쓸 수 있는 효소의 숫자는 정해져 있다

태어나면서부터 몸속에 있는 대사 효소들은 우리 몸의 신진대사를 촉진한다. 각종 질병을 낫게 하며 다이어트에도 효과가 있고, 예뻐지게까지 해준다. 여기에 면역력을 높이고 혈액을 청소해 주는 역할도 한다.

문제는 이 대사 효소들에게도 수명이 있어서 짧으면 몇 시간, 길어도 몇 십 일이면 사라진다는 것. 그리고 이 효소를 만드는 능력도 20세를 정점으로 조금씩 감소하기 시작하여 40세를 넘기면 급격히 떨어진다. 몸속에서 효소를 만드는 능력이 저하되기 때문에 젊음이 사라진다고 보아도 무방한 셈이다.

사람은 누구나 정해진 효소를 가지고 태어나는데 유독 술을 잘 못 마신다거나, 우유를 먹으면 배가 아프다거나 하는 것도 몸속에 일정한 효소가 부족하기 때문이다. 유난히 건강한 몸을 가진 사람들 중에는 엄마가 아이를 임신했을 때 효소가 많이 함유된 과일이나 생채소 중심의 식생활을 했던 사례가 많다는 연구 결과가 나와 있을 정도. 그만큼 효소는 평생의 건강을 좌우하는 요소라고 할 수 있다.

앞서도 말했듯이 우리 몸의 효소 생산 능력은 세월이 갈수록 저하되고, 그로 인해 노화가 시작된다. 효소의 가장 대표적인 역할이 바로 소화 기능을 좋게 하는 것인데 나이가 들거나 면역력이 낮아지면 더불어 소화 기능이 떨어지는 것도 바로 이 때문이다.

좋은 음식을 먹기 전에 나쁜 음식부터 제한할 것

에드워드 하웰 박사로부터 시작된 효소 영양학은 쓰루미 다카후미 박사의 과일과 생채소 중심의 식사법으로 발전되었다. 즉, 효소가 많이 들어 있는 생채소, 과일, 발효 식품 위주로 식생활을 하여 몸의 신진대사를 활발하게 하고 면역력을 높인다는 것이다.

알레한드로 융거는 저서 『클린(CLEAN)』을 통해 현대인들의 몸속에는 누구나 측정 가능한 정도의 합성 화학 물질이 수백 가지씩 들어 있다고 말했다. 이런 오염 물질은 20세기 전에는 존재하지 않았지만 지금은 먹거리나 환경 오염 등의 원인으로 대부분의 사람들이 몸에 독성 물질을 지니고 있다는 것이다. 즉, 농약, 프탈레이트, 수은, 트랜스지방, 벤젠, 트리할로메탄 등 이름만으로도 무시무시한 느낌을 주는 나쁜 성분들이 우리 몸에 시시각각 쌓이고 있음을 뜻한다.

누구나 습관적인 위장병이나 알레르기, 과체중, 두통, 의욕 저하 등 소소한 증상에서 벗어나고 싶을 것이다. 아름답게 나이 들고, 감기나 잔병치레에 시달리지 않으며 하루 종일 활기찬 생활을 하고 싶다면 면역 시스템을 튼튼하게 정비하는 수밖에 없다. 똑같은 자극이 주어지더라도 면역력이 있는 사람과 그렇지 않은 사람의 반응은 천지 차이가 나기 때문이다. 면역력이 떨어지면 당장은 피로하거나 몸이 무거운 정도에 그치지만 머지않아 천식이나 피부염 등의 알레르기는 물론, 이유를 알 수 없는 염증이나 통증에 시달릴 수 있다.

실제로 요즘은 알레르기에 시달리지 않는 사람을 찾아보기 어렵다. 유제품, 달걀, 글루텐이 함유된 밀가루, 기름기 있는 붉은 고기, 옥수수, 초콜릿 등은 알레르기(아토피를 포함한) 유발 식품이다. 따라서 쉽게 피곤해진다거나 감기를 달고 사는 사람, 두통이나 변비, 설사 등에 시달리고 있다면 위에서 언급한 알레르기 유발 식품은 물론 알코올과 커피, 설탕 등을 제한해 보자.

다시 말해 몸에 좋은 음식을 먹기 전에, 몸에 나쁜 음식을 제한하는 것이 먼저라는 뜻이다. 혹자는 이런 것들을 빼고 무얼 먹고 사느냐고 물을 수도 있다. 하지만 이런 음식들을 제한하는 약간의 인내심을 발휘한다면 몸에 쌓이는 독소를 어느 정도 예방하고 면역력을 높일 수 있다. 그중 효소는 면역력을 높여주는 데 최고다. 생채소와 발효 식품을 많이 먹는 것은 그래서 매우 중요하다.

서양 의학의 아버지 히포크라테스는 "가열식은 과식으로 이어진다"라고 말했다. 되도록 익히지 않은 생채소와 과일 등의 음식을 먹는 것이 좋다는 뜻이다. 게다가 균형 잡힌 식생활을 하는데 가장 중요한 영양소인 효소는 가열하면 사라지는 특성을 가지고 있기 때문에 더더욱 그렇다.

효소가 부족할 때 우리 몸에서는 어떤 증상들이 일어날까?

1 소화 불량, 복부 팽만, 잦은 트림이 난다.
2 설사나 변비가 잦고, 냄새가 고약하다.
3 만성 피로에 시달린다.
4 식곤증이 심하다.
5 특정 음식에 대한 알레르기가 있다.
6 만성 통증이나 만성 염증에 시달린다.
7 감기를 달고 산다.
8 불면증, 우울증이 자주 생긴다.
9 쉽게 불안감을 느낀다.
10 면역 기능, 신장 기능이 약해진다.

2

쉽게 섭취할 수 있는 일상의 효소

효소는 크게 체내 효소와 체외 효소로 나뉜다. 체내 효소에는 몸의 기능을 돕는 대사 효소와 먹은 음식을 소화시키는 소화 효소가 있다. 체외 효소는 몸 밖에서 공기와 물, 음식물 등을 통해 몸속으로 들어와서 소화 작용을 비롯하여 영양분의 흡수가 잘 되도록 도와주며 영양소가 되는 물질이다. 과일과 채소, 효소 엑기스, 각종 발효 식품이 여기에 속한다.

효소는 열에 약하므로 40℃ 이상으로 가열하면 효능이 떨어진다. 이 때문에 과일과 채소를 익히지 않고 먹는 로푸드(Raw food)가 유행하게 된 것이다. 몸에 도움이 되는 유익한 균이 식품을 분해해서 만들어지는 된장, 간장, 식초, 술과 같은 발효 식품에는 소화를 돕거나 대사를 촉진하는 효소가 있어 오래전부터 애용되어 왔으며 요즘은 효소를 간편하게 섭취할 수 있는 과일이나 채소 주스가 인기를 얻고 있다.

안전한 먹거리 구입이 우선이다

예전에는 자연 그대로의 환경만으로도 인체에 유익한 균들을 우리 몸에 흡수할 수 있었다. 하지만 요즘은 농약이나 항생제 등의 사용으로 재배 환경이 바뀌고, 음식을 만들 때도 화학조미료와 방부제, 보존제 등을 쓰기 때문에 영양 성분 자체가 달라졌다는 것이 전문가들의 의견이다.

동일한 재료와 물, 온도 등 같은 조건에서 음식을 만들어도 저마다 다른 맛이 나는 것은 우리 손에 존재하는 12억 마리의 미생물 때문이라고 한다. 장맛은 손맛이라는 말도 여기에서 나왔다고 볼 수 있다.

세계인의 건강식품이라고 알려진 시금치, 토마토 등도 100여 년 전에 비해 영양소 함량이 현저하게 줄었다고 한다. 뿐만 아니라 살균 소독제 등이 통상적으로 사용되면서 공기 속의 이로운 균들도 자취를 감추고 있다. 이 때문에 똑같은 재료, 똑같은 전통 방식으로 김치나 장을 담근다고 해도 제대로 발효시키기가 어려워졌다. 그러므로 이제는 우리 몸에 해로운 것들은 최대한 멀리하고, 건강한 먹거리를 찾아 조리해 먹는 것이 아프지 않고 오래 사는 방법이다.

효소를 듬뿍 함유한 먹거리를 섭취하려면 가능한 한 가까운 지역에서 재배된 신선한 식품을 구입하는 것이 좋다. 수입 식품 대신 국내에서 재배해서 인증을 거친, 안전한 먹거리를 가까이하는 것이 해답이라고 할 수 있다.

효소, 쉽게 친해질 방법은 없을까?

몸이 차면 효소 활동이 떨어진다

인간의 몸에서 암에 걸리지 않는 장기가 있는데. 바로 심장과 비장이다. 심장과 비장은 항상 40℃의 온도를 유지하고 있기 때문이다.
일반적으로 암 환자의 평균 신체 온도가 35℃라는 보고가 있다. 체온이 1℃ 떨어지면 효소 활동은 50% 이상이나 감소된다는 사실을 인지하면 질병과 효소의 상관관계도 쉽게 이해할 수 있다. 몸의 대사 효소 활동을 활성화시켜서 건강한 상태를 지속하려면 가능한 한 몸을 따뜻하게 하는 것이 좋다. 몸이 차면 소화 기관의 온도가 떨어지면서 소화 효소가 제대로 활동하지 못하게 되고, 결국 배탈 등의 질병에 걸리게 된다. 그렇다면 체온을 따뜻하게 유지하는 방법은 무엇일까?

1 찬 음식이나 기름진 음식을 즐겨 먹는 습관을 버린다.
2 생강, 마늘, 겨자, 식초 등의 양념을 적절히 섭취한다.
3 실내 온도가 너무 차거나 습해지지 않도록 관리한다.
4 과음과 과로를 줄여 체내 환경을 건강하게 만든다.
5 구하기 쉬운 재료들로 건강 차를 마시는 습관을 들인다.

내 몸의 환경을 효소가 활발히 활동할 수 있도록 만들어주는 일. 이 역시도 효소를 섭취하는 것만큼이나 중요하다. 몸을 따뜻하게 하는 수칙을 지키고 좋은 습관을 들이면서 효소가 듬뿍 들어 있는 음식을 섭취하는 것. 이보다 더 좋은 건강법은 없다.

발효 식품을 만들고 기다리는 시간을 즐기자

엄마들이 걱정하는 아이들의 성 조숙증이나 ADHD(주의력결핍 과잉행동장애) 등은 대부분 환경 공해와 먹거리에서 비롯된다고 한다. 성장기 아이들이 효소를 충분히 섭취해야 하는 이유도 여기에 있다.
과일과 채소 외에 효소를 섭취할 수 있는 가장 좋은 방법은 발효 식품을 먹는 것이다. 된장, 고추장, 간장, 청국장, 식초, 김치, 각종 엑기스, 요구르트, 채소 절임 등이 대표적이다. 이런 발효 식품들은 인간의 체내에 한정되어 있는 효소를 소비하지 않도록 보조해 주는 역할을 한다. 발효에 필요한 것은 적당한 온도와 습도 그리고 시간이다. '묵힐수록 귀한 장맛'이라는 것도 이 같은 맥락에서 나온 말이다. 그러므로 건강한 생활을 하려면 빠르고 쉽게 먹을 수 있는 먹거리에서 벗어나 조금 번거롭더라도 준비하고 기다리는 과정을 거쳐 잘 숙성된 음식을 먹을 필요가 있다.

3

효소, 어떻게 먹는 게 좋을까?

효소가 듬뿍 든 식품을 매끼 조금씩 먹을 것

건강을 지키기 위해 효소가 풍부한 음식을 먹는 게 중요하지만 한 번에 몰아서 먹는 것은 의미가 없다. 전문가들은 식사 때마다 익힌 음식과 가열하지 않은 생채소 및 발효 식품을 5 : 5 비율이나 가능하면 4 : 6으로 먹기를 권한다.

고기나 익힌 음식 위주로 먹게 되면 소화시키는 데 효소가 집중되어 대사가 잘 이루어지지 않기 때문이다. 기름진 음식을 먹고 나서 두세 시간 후에 채소와 과일을 먹는 것보다는 식사 시 함께 먹는 것이 중요하다. 즉 식사 때마다 생식의 비율을 높여 효소를 충분히 섭취하도록 한다. 특히 식품을 익히는 과정에서 소화에 반드시 필요한 효소가 파괴되기 때문에 건강하게 오래 살고 싶다면 되도록 생식을 하는 것이 좋다.

일정 기간 동안 생식을 하는 것은 주스 단식이나 원 푸드 다이어트보다 어렵지 않으면서 훌륭한 방법이라고 할 수 있다. 단, 채식만으로는 필요한 영양소를 충분히 보충하기 어렵기 때문에 발효 식품을 함께 먹는 것이 바람직하다.

과일과 채소를 먼저 먹는 습관을 들인다

일본의 효소 권위자 쓰루미 다카후미 박사는 건강한 생활을 위해 충분한 수면, 알칼리성 물을 1리터 이상 마시기, 꼭꼭 씹어 먹기, 그 다음으로 섬유질이 풍부한 채소 먼저 먹기를 권한다. 디저트라고 생각했던 과일과 채소를 밥보다 먼저 먹으면 그만큼 포만감이 생겨서 밥을 적게 먹고, 짠 음식이나 물을 덜 먹게 되어 저절로 건강한 식습관으로 바뀌게 된다는 것.

식사 순서를 조정해 보는 것도 효소 섭취와 건강한 식생활에 도움을 준다. 식사를 시작할 때 무엇에 먼저 젓가락이 가는지 생각해 보자. 입맛을 돋워줄 김치, 얼큰한 찌개, 젓갈 등이 아닌지. 하지만 순서를 바꿔 자극적인 음식을 먹기 전에 샐러드나 나물을 먼저 먹는 것만으로도 과식을 막고, 효소를 듬뿍 섭취할 수 있다.

식사 시 익히지 않은 생채소 등을 먼저 먹어야 한다는 것만 기억하고 실천하면 된다. 섬유질은 입맛의 인내심을 길러주고 또 천천히 씹어 먹기를 자연스럽게 유도한다. 식사 순서를 재조정하는 것은 평소 좋아하는 음식을 보면 즉각 달려갔던 조건화 반응을 완화시킬 수 있는 방법이기도 하다.

채소와 과일은 강판에 갈아서 먹는다

채소와 과일은 원래 효소가 풍부하지만 특히 껍질에 많이 들어 있다. 껍질의 영양 성분까지 먹기 위해서는 무농약, 저농약으로 재배한 신선 식품을 고르는 것이 중요하다. 채소와 과일을 먹는 데는 다양한 방법이 있지만, 강판에 갈아서 먹는 것이 효소를 가장 많이 섭취할 수 있는 비법이다. 채소와 과일은 껍질째 갈면 효소의 양이 훨씬 많아지기 때문.

강판에 갈면 부피가 줄어들어 많이 먹게 되는 것은 물론 세포 안에 있는 효소가 밖으로 나와 활발하게 활동하게 된다. 채소나 과일은 그대로 먹으면 세포 밖에 있는 효소만 몸속에 흡수되고 세포 속에 있는 효소는 그대로 밖으로 배출될 때가 많다. 반면 강판에 갈면 세포막이 파괴되어 그 안에 갇혀 있던 효소가 방출되면서 체내로 흡수되는 양이 2~3배로 늘어난다. 아침에 공복일 때 채소와 과일을 갈아서 건더기와 함께 씹듯이 천천히 마시면 소화를 도울 수 있다. 효소가 많이 함유되어 있는 식품은 다양한데, 그중에서도 무, 브로콜리, 콜리플라워, 양배추, 배추 등이 효소가 풍부하다. 이외에 사과, 당근, 오이, 연근, 마, 양파, 고구마, 감자, 셀러리 등도 추천한다. 그대로 갈아 마셔도 좋지만 간장이나 된장 같은 조미료를 섞어 드레싱으로 사용하거나 차가운 수프처럼 만들어도 좋다. 단, 한번 갈면 산화되기 쉬우므로 되도록 빨리 섭취할 것을 권한다.

몸이 소화할 수 있는 충분한 시간을 주자

건강 의학 전문가들은 모두 소화계에 휴식을 주라는 말을 한다. 몸에 나쁜 것을 너무 많이 먹고 있는 데서 문제가 발생한다는 것이다. 『1日1食』의 저자 나구모 요시노리, 『클린』의 저자 알레한드로 융거 역시 조금씩 다른 각도에서 말하고 있지만, 어쨌든 위와 장에 잠시라도 휴식을 취하게 해주는 것이 건강을 지키는 첫걸음이라고 한다. 일반적으로 효소 영양학에서 보는 몸의 신진대사는 다음과 같다.

오전 4시~낮 12시 : 배설을 위한 시간
낮 12시~오후 8시 : 영양 보급과 소화를 위한 시간
오후 8시~오전 4시 : 흡수와 대사를 위한 시간

그러므로 오후 8시부터 다음 날 정오까지는 아무것도 먹지 않거나 효소가 듬뿍 들어 있는 생채소와 과일을 섭취할 것을 권한다. 이렇게 되면 몸에 부담이 적고, 신진대사를 도와 몸이 건강해지면서 살 빠지기 쉬운 체질로 돌아간다는 것이다.

천천히 꼭꼭 씹어 먹을 것

잘 씹는 것도 중요하다. 많이 씹으면 침이 충분히 분비되어 음식물과 고루 섞이면서 혀의 표면에 있는 미뢰를 자극해 맛이 잘 느껴진다고 한다. 제대로 씹지 않고 빨리 삼키는 것은 중독된 맛을 원하는 뇌를 즉각 만족시키고, 과식과 폭식의 악순환을 반복하게 만든다. 꼭꼭 씹고 천천히 먹을수록 식욕을 억제하는 호르몬인 렙틴이 작용해 적게 먹게 된다. 또 한 가지, 입안에서 충분히 씹어서 삼키면 소화가 쉬워지기 때문에 몸속의 효소가 부담스러운 음식을 소화시키는 데 사용되지 않고, 다른 대사 활동에 쓰일 수 있어 일석이조 효과가 있다.

4 효소를 만드는 작용, 발효란?

삶의 질을 높여주는 발효

100세 시대가 되었다. 하지만 100년 이상 살 수 있다는 것이 그리 반갑지만은 않은 게 사실이다. 나이 들수록 아픈 몸을 끌어안고 살아갈 것에 대한 두려움이 크기 때문이다.

얼마나 오래 사느냐가 아니라, 얼마나 건강하게 사느냐에 초점을 맞추기 시작하면서 효소는 물론 효소를 만드는 발효에 대한 관심 또한 높아졌다. 발효는 문자 그대로 '효소를 만든다'라는 뜻이며 발효 식품은 미생물로 발효시킨 음식이다. 최근 건강한 식습관과 내 몸에 맞는 적당한 운동, 그리고 기초 체력과 면역력을 길러주는 발효 음식 섭취를 습관화하는 사람들이 늘고 있다. 발효는 부족한 영양소를 더하면서 음식물의 소화·흡수를 높이고, 식품의 보존 기간을 높여주는가 하면 감칠맛을 더해 주는 효능이 있다. 이것이 발효 식품이 가진 가장 큰 장점이다.

발효와 부패는 다르다

미생물이 가지고 있는 효소를 이용해 유기물을 분해시키는 과정을 발효라고 한다. 발효와 부패는 비슷한 과정으로 진행되지만 분해 결과, 우리 몸에 유용하게 사용되는 물질이 만들어지면 발효라 하고, 악취가 나거나 유해한 물질이 만들어지면 부패라고 한다.

부패와 발효를 일으키는 미생물은 그 종류가 다르기 때문에 부패를 유발하는 미생물이 활동하면 악취가 난다. 부패는 자연 상태로 방치되었을 때 일어나지만, 발효는 특별한 환경이 갖춰져야 한다. 즉, 우유가 썩으면 악취가 나지만 특정 효소를 넣고 적당한 온도와 습도를 유지하면 치즈나 요구르트가 되는 것과 같은 이치다.

발효의 최적 온도는 35~45℃

우리나라의 발효 역사는 5천 년이 넘는다. 우리가 흔히 먹는 김치, 된장, 간장, 고추장, 청국장, 장아찌, 술 등이 그 예다. 식품과 유익한 균이 만나 이루어지는 발효는 특정한 조건이 필요한데 우선, 효소는 35~45℃에서 가장 활발하게 활동한다. 체온과 비슷하거나 살짝 더 따끈한 정도라고 보면 된다.

곡류가 효모나 세균이 분비하는 효소에 의해 발효되면, 전분은 포도당으로 분해되고, 포도당은 여러 가지 중간 물질을 거쳐서 에탄올로 발효되어 술이 된다. 우유도 단백질을 응고시켜 세균이나 곰팡이에 의해 발효되면 향기 좋은 숙성된 치즈가 완성된다. 밀가루 반죽을 효모를 사용해 발효시키면 반죽 사이에 이산화탄소가 발생하고 밀가루 반죽의 전분이 분해되어 부드러운 조직의 빵이 된다. 발효 식품에 함유된 효소는 40℃ 이상의 온도에서는 파괴되기 때문에 초절임, 초무침, 김치, 청국장, 된장 등은 가열하지 않은 상태로 섭취하면 더욱 많은 효소를 얻을 수 있다.

장수촌 사람들은 발효식을 먹는다

발효 식품은 장수 식품으로도 불린다. 건강하게 오래 사는 장수촌 사람들의 식생활을 보면 지금 우리가 꿈꾸는 건강한 식생활의 표본이다. 화학 물질을 쓰지 않고 퇴비와 물, 태양의 빛을 이용해서 직접 기른 제철 먹거리를 대부분 날것으로 먹는다. 육류 역시 자연의 방식 그대로 기른 것들이다. 음식을 준비하고 조리하는 데 걸리는 시간이 긴 것은 물론, 음식을 씹는 시간도 도시인들보다 평균 10배 이상 긴 것으로 나타났다. 이외에 요구르트나 치즈, 장류 등 발효 식품을 많이 먹는다.

반면 우리는 장수촌 사람들과 정반대의 식생활을 하고 있다. 외식은 물론, 반 조리 식품과 배달 음식의 편리함에 길들여져 있다.

효소의 실용성을 널리 알린 쓰루미 다카후미 박사는 그의 책 『효소의 비밀』에서 우리가 흔히 먹는 트랜스 지방산, 단백질과 식품 첨가물, 설탕이 장 속에서 부패를 일으켜 각종 알레르기 반응을 나타낸다고 말한다. 예전보다 분명히 더 많이, 잘 먹고 있는데도 각종 병이 끊이지 않는 것은 바로 이 때문이라고 보아도 좋을 듯하다.

5 발효 음식이 몸을 살리는 이유

발효 음식은 몸을 가뿐하게 만든다

이것은 바로 효소 덕분이다. 우리 몸속의 소화 효소와 대사 효소는 조리한 음식이나 달콤한 빵 과자, 익힌 고기 등의 음식을 먹으면 소화시키기 위해 애쓴다. 소화 효소가 너무 많이 낭비되어 신진대사가 떨어지면 성인병을 유발하게 된다. 그래서 발효 효소 영양학자들은 건강한 몸을 되찾으려면 효소가 듬뿍 들어 있는 채소, 발효 식품 위주의 식생활을 권한다. 효소는 곡물, 과일, 채소 등 모든 식품에 포함되어 있는데 특히 유기농 채소에 풍부하다. 어떻게 먹느냐에 따라 그 효과가 달라지는데, 채소를 갈거나 즙을 내어 먹으면 더 많이 섭취할 수 있다. 무, 파인애플, 키위 등을 갈아 고기에 넣어 먹는 것도 모두 이 때문. 우리가 알게 모르게 먹는 식품 궁합도 맛과 영양을 어우러지게 하고 소화 효소에까지 영향을 미친다. 효소를 보충해 주는 생채소를 듬뿍 먹는 것이 거북하거나 여건상 쉽지 않다면 발효 식품을 많이 먹는 것을 권한다. 발효 효소를 충분히 섭취하는 식생활을 습관화하면 아침에 눈 뜨기가 쉽고, 위장 기능이 좋아지면서 변도 잘 나오게 된다. 몸의 신진대사가 활발해지면서 피곤함이 사라지는 효과도 있다. 이외에도 대소변이 원활해지고 부종이 생기지 않아 자연스럽게 다이어트가 되는 선순환이 이루어진다.

발효 음식은 먹고 나서 탈이 나지 않는다

냉장고가 없던 시절에도 상하기 쉬운 식품들을 오래 보관하면서 즐길 수 있었던 것은 발효를 식품에 접목한 덕분이다. 발효에 쓰이는 물질들이 영양소의 파괴를 막고 음식의 부패를 예방하는 천연 방부제 역할을 해주기 때문이다. 그러므로 간장, 고추장, 식초, 와인, 치즈 등은 오랜 기간 숙성시킬수록 더욱 귀한 발효 식품이 된다. 게다가 발효가 잘 된 식품들은 섭취 후 탈이 나지 않고 몸을 더 건강하게 해준다.

발효는 없던 영양소를 만들어주기도 한다

발효 과정을 거치면서 재료의 좋은 성분들이 추출된 발효액을 마시면 더욱 많은 효소를 섭취할 수 있다. 재료를 그대로 먹으면 인체에 흡수되는 양도 적고 시간이 오래 걸리지만 발효 과정을 거쳐 먹으면 소화 시간이 단축되는 것은 물론 몸에 유익한 영양소들을 더 많이 흡수할 수 있다. 배추를 그냥 먹을 경우 영양분을 20% 섭취할 수 있다면 발효 과정을 거친 김치는 80% 이상 섭취할 수 있다고 한다.

발효로 생성되는 유산균은 오메가3 지방산을 만들며 치즈는 발효 과정에서 우유 단백질이 아미노산으로 분해되면서 칼슘과 비타민 D 등이 더욱 풍부해진다. 콩으로 메주를 띄워 간장을 만들 때도 다양한 영양 성분이 추가된다. 채소를 거의 섭취할 수 없는 에스키모들이 겨울에 잡아둔 순록을 눈 속에 파묻었다가 먹는 것도 고기가 발효되어 채소를 먹지 않고도 건강하게 살 수 있기 때문이다.

발효는 소화하기 쉬운 형태로 바꿔준다

모든 식품은 섭취해서 흡수되는 영양분이 40%를 넘지 않는다. 하지만 발효 과정을 거치면 소화 흡수율이 더욱 높아진다. 우유를 잘 소화시키지 못하는 사람도 요구르트나 치즈는 쉽게 소화시키는 것도 이런 이치다. 덕분에 식품 에너지를 더욱 효율적으로 사용할 수 있다.

발효 식품은 독소를 제거하고 면역력을 높인다

발효는 식품에 들어 있는 독소를 제거하는 기능도 있다. 오랜 시간 발효를 거침으로써 식품의 독성을 완화시키는 것이다. 발효를 통해 농약이 분해되어 사라지는 효과도 주목해야 한다. 또한 발효 과정을 거치면서 새로운 유효 성분이 생기는데 체내에 흡수된 미생물은 인체의 면역 물질이 균형을 유지할 수 있도록 돕는 역할을 한다 덕분에 면역력이 증가되는 효과도 얻을 수 있다.

발효 食事

맛있게 건강해진다! 발효 음식 잘 먹기

1 발효 엑기스

꾸준히 먹으면 소화를 돕고 면역력을 높여준다

담그기 전에…

제철 재료로 만든 발효 엑기스의 효과

발효 엑기스 재료는 과일과 채소, 야생초, 뿌리, 열매 등… 우리 주변에서 흔히 접할 수 있는 것들로 집에서도 쉽게 만들 수 있다. 제철에 나는 대부분의 먹거리는 모두 발효 엑기스를 담글 수 있다고 보면 된다. 만드는 방법도 어렵지 않으므로 자신의 기호와 목적에 따라 적당한 재료를 고르도록 한다. 대개 재료와 설탕을 1:1 비율로 넣고 100일 동안 저장한 뒤 건더기는 건지고, 엑기스만 6개월 정도 더 숙성시키면 된다. 완성된 엑기스는 음료로 마시거나 조리할 때 설탕 대신 사용해도 좋다. 대부분의 발효 엑기스는 다음과 같은 효과를 지니고 있다.

노폐물 제거 효과 산야초 효소를 매일 꾸준히 먹으면 몸속에 있는 노폐물 제거에 효과적이다. 신진대사가 원활해지면서 건강이 저절로 좋아진다.
면역력 증가 면역력은 각종 난치병과 알레르기성 질환의 가장 중요한 키워드다. 발효 식품을 꾸준히 섭취하면 몸 자체의 자가 면역력이 높아진다.
노화 억제 신진대사가 활발해지고 체내의 활성 산소가 감소하면서 노화 억제 효과가 뚜렷하게 나타난다. 몸이 더 젊고 가뿐해지는 것이다.
변비 해결, 다이어트 효과 발효 식품을 먹으면 소화를 돕고 신진대사를 원활하게 하여 변비가 해소되고, 지방의 감소로 다이어트 효과도 있다.

원재료가 가진 영양소와 효능이 더욱 높아진다

발효 엑기스는 효소뿐만 아니라 원재료까지 남김없이 먹을 수 있으므로 금상첨화다. 과일과 채소 등 각각의 식품이 함유된 영양소나 효능에 주목해서 내 몸이나 가족들에게 필요한 발효 엑기스를 만들어보자. 껍질까지 함께 넣어 발효시키기 때문에 원재료는 되도록 유기농 제품을 선택하는 것이 좋다. 유기농 재료가 아니라면 베이킹소다로 세척하거나 물에 오래 담갔다가 씻어서 농약 성분을 충분히 제거한 후 담글 것을 권한다. 예전에는 매실이나 무, 사과, 포도 등의 과실 엑기스를 주로 담갔다면, 요즘은 산야초 등 산에서 나는 갖가지 약초로 만든 엑기스가 건강에 이롭다고 하여 인기다.

〈농촌진흥청〉에서 추천한 안전 발효 엑기스 재료들

잎
설탕이 잎사귀 사이에서 완전히 녹도록 신경 써 주세요
쑥, 냉이, 민들레, 양배추, 방풍나물, 돌미나리, 머위, 씀바귀, 취나물, 참나물, 돌나물, 달래, 원추리, 땅두릅, 쇠뜨기, 엉겅퀴, 두충잎, 솔잎, 찔레순, 등나무순, 느릅나무순, 당귀순, 다래순, 솔순, 달맞이순, 청미래, 덩굴순.

꽃
꽃송이가 너무 물러지지 않도록 설탕을 섞을 때 조심하세요
달맞이꽃, 진달래꽃, 칡꽃, 아카시아꽃, 인동꽃, 곰꽃, 등나무꽃, 찔레꽃.

뿌리
상한 부분이 없는지 잘 살펴서 도려낸 뒤 담그세요
더덕, 둥굴레, 도라지, 생강, 칡뿌리, 야콘, 돼지감자, 하수오, 산약, 마늘.

열매
당도가 높거나 수분이 많은 것은 설탕량을 조금 줄이세요
돌복숭아, 머루, 오디, 개실, 수세미, 모과, 개머루, 보리수 열매, 산수유, 석류, 오가피 열매, 측백나무 씨, 산딸기, 여주, 포도, 자두, 복분자, 키위, 복숭아, 오미자, 배, 감, 모과, 유자, 귤, 늙은 호박.

주의! 씨가 있는 매실이나 돌복숭아를 씨째로 엑기스를 담근 뒤 오래 두는 것은 매우 위험하다. 청산가리 성분이 씨로부터 나오기 때문에 3개월 안에 반드시 건더기를 건져내야 한다.

신선한 채소와 과일에게 시간을 좀 주었더니 이것이 약이 되더라

담글 때…

발효 엑기스를 담글 때는 백설탕도 괜찮다
설탕은 미생물의 먹이가 되기도 하지만, 부패를 방지하는 역할도 한다. 발효 엑기스를 만들 때 설탕은 과당으로 변하므로 백설탕이라도 상관없다는 게 전문가들의 의견이다. 앞서도 말했듯이 일반적으로 재료와 설탕의 비율은 1 : 1로 하지만 당도가 높은 재료로 담글 때는 설탕을 70~80% 정도 넣어도 된다.

설탕이 너무 적으면 발효가 빠르게 진행되고, 설탕이 너무 많으면 오히려 발효를 억제하는 결과를 낳기도 한다. 그러므로 발효 엑기스를 담글 때는, 설탕을 처음에 모두 넣지 말고 조금 남겨두고 녹았을 때 그 위에 다시 조금씩 덮는 것을 2~3회 반복하면 실패를 줄일 수 있다.

발효에 적당한 온도를 유지한다
재료와 설탕이 고루 섞여 충분히 녹았다면 발효가 잘 되도록 적당한 온도를 유지해야 한다. 특히 추운 겨울철에는 발효 용기를 따뜻한 곳에 두고, 찬바람이 닿지 않도록 주의해야 한다. 온도가 적당하지 않으면 담요 등으로 감싸놓는 것도 좋은 방법이다. 특히 잎채소의 경우 설탕이 잎에 충분히 녹아들어야 곰팡이가 생기는 것을 방지할 수 있다. 6개월 발효 후 액만 걸러 냉암소에서 2~3년 정도 묵히면 더욱 좋은 효능을 얻을 수 있다.

EM 원액을 함께 넣어 발효시키는 것도 좋다
EM 전문가들은 발효 엑기스를 만들 때 EM 발효액을 함께 사용하기도 한다. 식품EM인지 확인하고 구입할 것. 〈유정룡효소과학연구소〉 소장 유정룡 씨가 소개한 방법을 보면 재료 2.5kg, 설탕 2.5kg일 경우 EM 발효액은 150ml 정도 넣으면 좋다고 한다. EM 발효액은 설탕이 녹아서 5일 정도 지났을 때 첨가하는데, 설탕이 더욱 잘 녹고 발효도 빨리 진행시키는 장점이 있다.

먹을 때…

완성된 엑기스는 냉장고에 넣어 숙성시킨다
발효가 끝난 엑기스는 냉장고에 넣으면 발효가 더 이상 진행되지 않아 1년 이상 보관 가능하다. 완성된 뒤 바로 먹는 것보다 6개월 정도 숙성시킨 뒤 먹으면 효과가 더욱 좋다. 단, 설탕을 줄여서 담근 엑기스는 상온에 보관하면 거품이 나거나 색과 냄새가 변할 수 있으므로 투명한 용기에 담아 발효가 계속 일어나지 않는지 주의 깊게 살펴보도록 한다.

엑기스는 섞어서 먹으면 효과가 더욱 높아진다
여러 가지 재료로 엑기스를 담갔다면 한 종류씩 먹는 것보다 섞어서 먹는 것이 더욱 효과적이다. 섞을수록 효능이 높아지는 상승 효과를 내기 때문이다. 가족들 몸에 맞게 다양한 엑기스를 담가 두었더라도 먹을 때는 한데 섞어서 섭취하도록 하자.

엑기스는 매일 60㎖ 정도 섭취, 많이 먹으면 비만이 올 수도!

로푸드 전문가 시마즈 히로미는 부족한 효소를 매일 먹는 것으로 대체하는 용도라면 한꺼번에 많이 먹을 것이 아니라 개일 적당량씩 섭취할 것을 권한다. 엑기스는 하루 60㎖가량 섭취하는데 물에 1 : 3의 비율로 타서 마신다.

예를 들어 엑기스 60㎖(3~4큰술)에 물 150㎖ 정도를 섞으면 맛있는 음료가 된다. 엑기스를 만들 때 나오는 당분은 발효 과정에서 분해되어 살이 잘 찌지 않는 성분으로 바뀌지만 지나치게 섭취하면 아무래도 살이 찔 수 있기 때문에 조심하는 것이 좋다.

요리시 설탕 대신 사용해도 좋다

음식을 만들 때, 조림이나 볶음 양념에 설탕이 들어가는 경우가 많다. 정제된 백설탕이나 올리고당, 꿀보다는 발효 엑기스를 설탕 대신 사용할 것을 권장한다. 효소는 열에 약하기 때문에 오래 끓이는 음식인 경우 조리 마지막에 넣거나 샐러드드레싱처럼 가열하지 않는 음식에 첨가하는 것이 효과를 최대한 누릴 수 있는 방법이다.

도전! 실패 없는 발효 엑기스 만들기

step 1 재료는 물에 담갔다 사용한다

채소와 과일 껍질에는 좋은 성분이 많이 들어 있다. 건강을 생각해 유기농 재료를 골랐거나 직접 재배한 농산물로 발효 엑기스를 만들 때는 제대로 된 세척이 관건. 흐르는 물에 한두 차례 씻은 뒤 물에 10분 이상 담갔다 사용하는 것이 좋다. 이때 식초, 소금, 베이킹소다, 세제 등은 가급적 쓰지 않는 것이 좋다. 발효되는 과정에서 초산균이 함께 번식하거나 나트륨 함량을 높이는 원인이 되기 때문이다.

step 2 물기를 말끔히 없앤다

물에 깨끗하게 씻었다면 채반에 겹치지 않게 놓아 물기를 없애는 것이 중요하다. 엑기스의 맛과 향에 영향을 미치기 때문이다.

step 3 덩어리가 큰 재료는 적당히 썬다

모과나 레몬, 귤처럼 껍질이 딱딱하고 덩어리가 큰 재료들은 잘게 잘라서 사용한다. 자른 단면에 설탕이 침투되어 엑기스가 더 많이 나오기 때문이다.

step 4 설탕은 켜켜이 담는다

엑기스를 처음 담글 때 실패하는 이유 중 하나가 설탕이 재료와 고루 섞여 녹지 않기 때문이다. 재료와 설탕을 담을 때는 층층이 쌓는 것이 좋다. 재료가 물러지지 않는 경우에는 설탕을 고루 섞어 버무리고 맨 위에 설탕 뚜껑을 만들어 덮는다. 주재료가 공기와 만나지 않게 하기 위해서다.

step 5 설탕이 완전히 녹도록 신경 쓴다

엑기스의 성공을 좌우하는 것은 바로 설탕을 완전히 녹이는 것. 초반 2주 정도는 매일 손을 깨끗이 씻고 말린 다음 재료의 위아래를 고루 섞어 설탕이 완전히 녹을 수 있도록 한다. 재료가 설탕물에 충분히 잠겨 있도록 하는 것이 포인트.

step 6 발효액이 부패하지 않게 관리한다

뚜껑을 덮을 때 초파리가 들어가지 않도록 밀폐를 완벽히 하고, 발효 시 발생하는 가스가 잘 빠져나갈 수 있도록 한다. 설탕을 녹이는 과정이나 뚜껑을 열어 진행 상태를 살펴볼 때 발효액에 물이나 이물질이 들어가지 않도록 신경 쓴다. 물이 닿으면 부패가 쉽게 일어난다.

step 7 3개월 이상 발효시킨 뒤 거른다

보통 3개월 이상 발효를 거친 뒤 맛과 향을 보존하기 위해 냉장 보관하는 것이 기본이다. 거를 때 사용하는 용기는 모두 깨끗하게 소독하여 이물질이 들어가지 않도록 주의한다. 단, 숙성 과정을 거친 뒤에는 지속적인 발효와 숙성을 위해 실온에 두어도 좋다. 오래 묵힌 술일수록 맛이 좋아지는 것은 바로 발효 뒤 숙성 단계를 거치기 때문이다.

실전! 발효 엑기스 매일 먹기

주스로 마시기
물 150ml에 엑기스 50ml 정도를 넣고 마신다. 물 대신 탄산수에 넣고 얼음을 띄워 마시면 청량음료가 필요 없다.

요구르트에 첨가
집에서 만들어 먹는 요구르트는 판매하는 요구르트와 같은 단맛이 없다. 여기에 과일이나 견과류도 좋지만 발효 엑기스를 넣어 먹으면 좋다.

고기나 생선 누린내 제거
미림이나 향신채를 따로 사용할 필요 없이, 발효 엑기스로 음식의 잡내를 없앨 수 있다. 단맛이 나는 과일 엑기스보다 매실, 양파, 생강 엑기스 등을 활용하면 좋다.

샐러드드레싱 만들기
발효 엑기스는 새콤달콤한 맛 덕분에 소금을 많이 넣지 않고도 건강 드레싱으로 사용할 수 있다. 올리브 오일, 간장 등과 적절히 섞어 자신의 입맛에 맞는 드레싱을 만들어보자.

칵테일로 즐기기
맥주나 청주, 막걸리 등에 과일 엑기스를 섞으면 달달한 맛이 나서 술을 즐기지 않는 사람도 편하게 마실 수 있다. 소주나 와인에 넣어서 과일주처럼 먹는 것도 별미.

아하! 엑기스 찌꺼기까지 활용하기

우선 냉동실에 보관한다
100일이 지나 엑기스를 거르고 나면 건더기가 많이 남는다. 건더기는 당장 쓸 곳이 없다면 잘 밀봉해서 냉동실에 보관하면 필요할 때마다 편하게 사용할 수 있다.

입욕제로 활용한다
엑기스를 거르고 난 뒤 며칠 동안 피부에 호사를 누려보자. 욕조에 물을 받아 건더기를 원하는 만큼 띄우면 되는데 나중에 청소할 일을 생각해서 반드시 깨끗이 빨아둔 양파 망이나 삼베 주머니 등에 담아서 우려낸다.

식초를 부어 과일 식초를 만든다
2배 식초를 사용하면 간단하게 효소 식초를 만들 수 있다. 과일 잔여물에 2배 식초를 붓고 공기가 통하도록 입구를 거즈로 봉해 두었다가 2주 정도 숙성시킨 뒤 식초만 거르면 효소 식초가 된다.

술을 부어 과실주를 담근다
건져낸 건더기에 담가둔 술을 붓는다. 이때 설탕은 넣지 말고 100일 정도 두었다가 걸러낸다. 맛을 보아 단맛이 모자라면 발효 엑기스를 더 넣고 3개월 이상 숙성시킨 후 마시면 된다. 매실이나 개복숭아 등은 독성이 나올 수 있으므로 씨를 뺀 것으로 사용하는 게 좋다.

저장 식품 만들 때 뚜껑으로 사용한다
단고추장이나 양념 고추장을 만든 뒤 매실 엑기스를 거른 건더기를 그 위에 덮어두면 곰팡이가 피는 것을 방지해 준다.

추천! 엑기스별 효능 알아보기

전천후 아이템, 매실 엑기스
매실 엑기스는 새콤달콤한 맛으로 발효 열풍을 몰고 온 주인공. 한여름 갈증을 없애는 음료로 활용하면 제격. 꾸준히 마시면 면역력이 높아지고, 속이 쓰리거나 배탈 났을 때 먹으면 좋다.

소화를 돕고 속병 없애주는, 무 엑기스
소화 기능을 향상시키고 면역력을 높여 감기를 예방해 주는 무. 가을무로 담그면 맵지 않은 달콤한 맛을 즐길 수 있다. 재료비가 적게 들면서 약이 따로 필요 없는 무 엑기스는 가정 상비약으로 제격.

성인병과 다이어트에 만점, 양파 엑기스
신맛이 없어 요리에 활용하기에는 매실 엑기스보다 낫다. 무침, 조림 등 양파와 설탕이 들어가는 모든 음식에 간을 하거나 고기를 재울 때 유용하다. 유기농으로 구입하여 껍질까지 함께 넣어 엑기스를 만들면 더욱 좋다.

면역력과 힘 키워주는, 복분자 엑기스
안토시아닌이 듬뿍 들어 있는 복분자. 감기를 예방하고 면역력을 높이기 위해 블루베리나 블랙베리 등 서양 식품을 찾기보다는 복분자 엑기스를 먹는 건 어떨까? 복분자는 간과 눈에 특히 좋으며 피로를 해소시켜 어른들뿐 아니라 집중력이 필요한 학생들에게도 제격이다.

감기와 가래에 즉효, 도라지 엑기스
기관지가 안 좋은 사람들에게 도라지는 약처럼 대접 받는 건강식품 중 하나다. 쓴맛 때문에 도라지청이나 나물 먹기를 즐기지 않는다면 발효 엑기스를 매일 꾸준히 마시는 것이 도움이 된다. 목감기는 물론 담배를 피우는 사람들에게도 좋다.

2

발효 조미료

세월로 다스려서 더 이롭게! 전통 음식의 혜택

된장 이야기 1

2~3년 묵혔을 경우, 맛과 향이 가장 좋다

콩보다 된장! 각종 영양소가 엄청 높아지니까

항암, 성인병 예방, 다이어트 식품으로 널리 알려진 된장의 재료는 콩. 하지만 날것으로 먹을 때와 발효된 된장을 먹을 때 체내에 흡수되는 영양은 다르다. 특히 발효 과정을 거치면 단백질 흡수율이 높아진다. 콩을 생으로 먹으면 단백질 흡수율이 50% 정도지만, 된장·청국장으로 먹으면 흡수율이 95%까지 올라간다.

익히지 않은 콩에는 단백질 분해와 장내 미네랄 흡수를 방해하는 성분이 있어 콩을 날것으로 먹으면 소화가 잘 되지 않는다. 반면 된장은 발효되면서 미생물이 분비하는 효소에 의해 단백질·지방·탄수화물의 커다란 분자들이 쉽게 쪼개지기 때문에 소화가 잘 된다. 이 때 비타민 B군, 비타민 K, 폴리글루탐산 등이 새롭게 만들어지거나 풍부해진다.

특히 피로를 풀어주는 비타민 B_1은 콩보다 1.5배, 에너지 대사율을 높이는 비타민 B_2는 3배 증가하고, 빈혈을 막아주는 비타민 B_{12}는 새로 생성된다고 한다. 된장의 갈색을 내는 물질인 멜라노이딘도 만들어지는데, 이는 항산화 효과를 높이는 작용을 한다. 또한 된장에는 염증 발생을 막는 '리놀렌산', 유방암을 예방하는 '이소플라본'도 풍부하다.

사먹지 말고 담가 먹는 공력을 발휘해 볼 것

간장과 된장은 늦가을에 메주를 띄워 음력 정월이 지나면 소금물에 넣어 40~60일 정도 발효·숙성시켜 만든다. 즙액을 달여 만든 것이 간장이고 남은 메줏덩이는 된장이 된다. 소독한 항아리 밑바닥에 소금을 약간 뿌린 뒤 메주를 눌러 담고 그 위를 소금으로 덮는다. 항아리 입구에 망사를 씌워 햇볕이 좋은 날은 항아리 뚜껑을 열어 놓아야 발효가 제대로 되고 잡균이 번식하지 않는다. 이렇게 한 달 정도 숙성시키면 비로소 된장이 완성된다.

요즘은 된장을 사먹는 경우가 많은데 시판하는 개량식 된장은 메주 대신 삶은 콩에 밀을 섞어 발효시키기 때문에 전통 된장에 비해 숙성 기간이 짧다. 콩 역시 저가의 수입 콩이거나 첨가물이 들어가 있으면 단맛이 강하므로 첨가물 내용을 잘 살펴보고 구입하는 것이 좋다. 집에서 담그기 어렵다면 한살림이나 생협 등에서 재래식 방법으로 담근 된장을 구입하는 것도 한 가지 방법이다.

된장 이야기 2

유익균을 듬뿍 섭취할 수 있는 된장 레시피

TV에 소개돼 화제를 모은 장 해독 청국장 셰이크

된장은 청국장, 막장, 토장 등 숙성 시간이나 숙성 방법, 지역에 따라서 그 종류가 수십 가지에 달한다. 그중 푹 삶은 콩을 발효시켜 만든 청국장이 요즘 대세다. 전쟁이 났을 때 짧은 기간에 발효시켜 먹느라 전국장이라 불렸다는 청국장. 콩을 삶아 3일 정도 발효시키면 완성되고 발효균의 종류가 낫또보다 훨씬 다양한 건강식품이다. 발효시킬 때 지푸라기를 구하기 힘들면 시중에 파는 청국장 균을 이용하면 편하다.
청국장은 찌개로 끓여 먹는 것이 일반적이지만, 소금을 넣지 않은 무염 청국장은 우유나 두유를 넣고 믹서에 갈아서 셰이크처럼 만들어 식사 대용으로 먹는 것도 방법이다. 만약 생청국장이 부담스럽다면 가루를 사용하면 훨씬 마시기 편하다.

청국장바나나셰이크는 이렇게!
1 껍질 벗긴 바나나를 끓는 물에 살짝 데친다. 바나나는 껍질째 오븐에 구워도 좋다.
2 데친 바나나 1개, 청국장 가루나 무염 청국장 2스푼, 저지방 우유 400㎖를 믹서에 넣고 곱게 간다.

드레싱으로 끼얹어 먹는 담백한 된장두부장

된장을 샐러드 소스처럼 활용할 때 짠맛 때문에 꺼려진다면 두부의 물기를 빼고 된장을 두부와 함께 섞으면 감칠맛이 돌면서 먹기가 좋아진다.

오래 끓이지 않는 된장국 노하우

된장의 효능을 되도록 잘 살리기 위해서는 된장찌개나 된장국을 끓일 때 처음부터 된장을 넣지 말고 재료가 거의 다 익을 무렵 맨 마지막에 넣는 것이 좋다. 깊은 맛을 내고 싶다면 뭉근히 약한 불에서 오래 끓이는 것도 나쁘지 않다. 발효 효소가 아니더라도 된장 자체에 있는 영양소를 섭취할 수 있기 때문이다.

간장 이야기

간도 잘 맞추고 발효 능력도 탁월한 건강의 감초

간장 한번 담가볼까?

1

2

3

4

예부터 정월장이 가장 맛있다고 하여
대부분 음력 정월에 장을 담갔다.
말날은 무조건 좋고, 음력으로 0, 1, 9가 들어가는 날에
담가야 장에 탈이 없다고 하는데, 요즘은 볕이
좋은 날을 택해 담그는 경우도 많다.

5

8

6

9

7

10

메주 2말(6덩이 분량), 생수 1.8*l*(페트병) 20개, 천일염 10kg, 마른 대추·마른 고추·숯 3~4개씩

1 메주는 젖은 행주를 꽉 짜서 겉을 한번 닦은 뒤 햇볕에 한나절 말린다.

2 생수에 소금을 풀어 하루 동안 녹인다.

3 아파트에서 담글 때는 소금의 양을 메주 한 말당 1kg 정도 늘리는 게 안전하다.

4 잘 씻어 속을 말려둔 항아리에 메주를 담는다.

5 메주는 겹치지 않도록 엇갈려 쌓는 게 좋다.

6 메주를 켜켜이 쌓은 항아리에 체를 올리고 면보를 덮어 소금물을 붓는다.

7 녹지 않는 소금은 면보로 걸러내야 맛이 깔끔하다.

8 항아리에 마른 대추, 마른 고추, 숯을 넣는다.

9 메주가 둥둥 뜨면 그 위로 덧소금을 뿌린다.

10 항아리 뚜껑을 닫는다. 3일 후 뚜껑을 열고 햇볕을 쏘이기 시작한다. 45일 후에 장을 거르면 간장이 완성된다.
   간장은 달여 쓰는데, 달이지 않고 그냥 먹는 청장도 맛있다.

만드는 방법에 따라 종류가 달라지는 간장의 비밀

간장은 만드는 방법에 따라 조선간장과 재래식 간장, 개량식 간장으로 나뉜다. 조선간장은 콩, 소금, 물과 햇볕만으로 만들기 때문에 합성 보존료나 착색료, 착향료 등이 들어가지 않는다. 간장이 숙성되면서 아미노산, 당분, 유기산, 무기질, 비타민 등이 풍부하게 생성되는 것도 장점. 예전에는 복통이 있거나 속이 안 좋을 때 좋은 간장을 먹으면 속병이 낫는다는 민간요법이 있을 정도로 잘 만든 간장은 약이나 다름없었다. 우리 고유의 발효 식품 조선간장은 국간장으로 많이 쓰이는데 묵힐수록 깊은 맛이 우러난다. 음식 맛을 대물림하는 종갓집에서는 몇 십 년 묵힌 간장 단지가 보물처럼 전해 내려오고 있을 정도. 오래 묵힌 간장을 씨간장이라고 하는데 새로 간장을 만들 때 씨간장을 조금 덜어 넣으면 발효도 잘 되고 깊은 맛을 더해 준다.

시판 양조간장은 성분 표시를 눈여겨볼 것

조림이나 볶음용으로 자주 쓰이는 개량식 간장, 즉 양조간장은 아미노산 간장, 효소분해 간장, 산 분해 간장 등 다양한 종류가 나와 있다. 제대로 발효를 거치지 않은 간장도 많으니 양조간장을 고를 때는 성분 표시를 확인해 보는 것이 필수다. 좋은 시판 간장을 찾고 싶다면 단백질 발효 지수인 TN을 확인해 볼 것. 1.0% 이상이면 표준, 1.3% 이상이면 고급, 1.5% 이상이면 특급이다. 혼합 간장은 조선간장이나 양조간장 등 원액 비율이 높은 것을 고른다. 감미료, 합성 보존제, 착향제 등 기타 첨가 성분이 없거나 비교적 적게 함유된 제품이 좋다.

멸치의 깊은 맛을 더한 별미 국간장 만들기

국물 요리의 간을 맞추는데 쓰이는 국간장의 감칠맛을 더하는 아이디어를 소개한다. 200㎖ 내외의 작은 유리병에 국물용 멸치를 머리만 3분의 2가량 담은 뒤 그 위에 조선간장을 붓는다. 하루 이틀 정도, 맛이 우러나도록 두었다가 요리할 때 사용하면 된다.

양파 엑기스를 플러스한 맛간장 만들기

양조간장에 함유된 각종 첨가물이 마음에 걸린다면 조선간장과 양파 엑기스를 1 : 1로 섞어서 사용해 보자. 조림이나 찌개에 많이 들어가는 간장과 양파의 만남으로 양조간장 못지않은 맛을 낼 수 있다. 굳이 양파 엑기스를 따로 만들지 않더라도 조선간장에 양파를 썰어 넣고 미림이나 청주 등을 조금 더한 뒤 우려내면 건강한 맛간장이 된다.

식초는 양념이 아니다, 약이다!

'1만 년의 묘약'이라는 이름으로 불릴 정도로 역사가 오래된 발효 식품, 식초. 고대 바빌로니아 고문서 등에서도 그 기록이 발견될 정도다. 우리나라 역시 오래전부터 식초를 애용해 왔는데 고려시대 한의서인 『한약 구급방』을 보면 식초를 약으로 쓴 기록들이 전해지고, 『동의보감』에는 '식초는 풍을 다스리며 고기, 생선, 채소 등의 독을 제거한다'고 기록되어 있다. 심지어 조선시대에는 각 가정의 부뚜막에 식초를 만드는 '초 단지'가 놓여 있을 정도로 널리 사랑받던 조미료이기도 하다. 발효 식품 중에서도 식초는 효소 활동이 원활하도록 돕는 중요한 재료다. 음식을 만들 때 식초를 더하기만 해도 식재료 자체의 효소 활동이 이루어져 이를 먹으면 소화를 촉진시켜 준다.

식초에 들어 있는 풍부한 유기산과 아미노산은 체내에서 칼슘 흡수를 높이고, 혈압을 낮추고, 비만과 당뇨를 예방하며, 간 해독을 돕고, 암에 대한 면역력을 높이는 것과 함께 피부를 건강하게 하는 효능을 지니고 있다. 자기 전에 사과 식초 2스푼을 꾸준히 먹으면 피로가 쉽게 풀리고, 당뇨가 호전되며, 암에 걸릴 확률이 확연히 낮아진다는 보고도 있다. 다른 건강식품에 비해 저렴하고, 쉽게 구할 수 있는 식초에 한번 주목해 보자.

전 세계 학자들도 극찬하는 식초의 효능

서울대 약대 故 심길순 박사는 자신의 논문을 통해 '식초는 인체대사에 직접적으로 관여하여 피로 회복, 동맥경화, 고혈압 예방은 물론 방사능 오염 물질을 제거하며, 소화 흡수 촉진 등의 중요한 역할을 하므로 의약품으로 사용되어도 손색없을 정도'라고 밝힌 바 있다. 이처럼 기존에 먹고 마시고 청소 재료 등 다양하게 사용되던 식초가 체내의 중금속이나 방사능 오염 물질을 배출시켜 준다는 점은 특히 주목해야 할 부분이다. 영국의 리프만 박사는 식초의 아세트산이 항생제의 독성을 제거한다는 사실을 밝혀내 노벨생리의학상을 공동 수상하기도 했다. 식초는 항생제뿐만 아니라, 다이옥신이나 카드뮴 같은 1급 발암성 중금속도 간단히 산화시켜 체외로 배출시키는 효과가 있다. 지구상에서 체내에 축적되어 있는 독성 물질을 분해하여 배출시키는 약은 없다. 오직 천연 식초만이 가지고 있는 능력이다.

이제는 자연 발효 식초에 눈을 돌려야 할 때

어떤 식초에 이렇게 좋은 성분이 들어 있을까? 마트에서 판매하는 저렴한 식초 역시 식초 본래의 효능은 가지고 있지만, 아무래도 좋은 재료로 오랜 시간 자연 발효와 숙성을 거친 천연 발효 식초가 몸에 좋은 것이 사실이다. 시중에 나와 있는 일반 식초는 에탄올을 사용해서 하루 이틀 안에 강제 발효시킨 주정 발효 식초가 대부분이다.

몸에 좋은 천연 발효 식초는 천천히 발효시켜 부드러운 신맛은 물론 영양 성분이 훨씬 풍부하게 함유되어 있다. 또한 긴 숙성 기간을 거칠수록 맛이 어우러지고 안정되므로 3개월 이상, 6개월 정도 발효 기간을 거치는 것이 좋다. 보통 1년 이상 숙성시키면 마시기 좋은 부드러운 풍미를 지닌 흑갈색 식초로 완성된다.

식초 이야기 1

효소 활동을 돕는 만병통치약

하루 반 컵, 식초를 마시면 평균 수명이 늘어난다

건강을 위해 자연 발효 식초를 하루에 소주잔으로 한 잔(60㎖) 정도 꾸준히 섭취해 보자. 자연 발효 식초 30㎖에 같은 양의 생수를 타서 식후에 마시는데 하루 2~3회 정도가 좋다. 노벨상을 수상한 식초 연구가 한스 아돌프크레브스 박사는 연구를 통해 '하루 100㎖의 발효 식초를 매일 섭취하면 남성은 평균 수명보다 10년, 여성은 12년 더 장수할 수 있다'고 발표하기도 했다. 또한 식초 연구가인 칼 오레이는 지금 당장 싱크대 구석에 방치하고 있는 식초를 꺼내 마시라고 강권했을 정도니 식초의 힘을 믿어보자.

위장이 약하다면 꿀식초를 추천

음식을 잘 먹으려면 위장이 건강해야 한다. 소화 불량으로 위장약을 달고 산다면 위를 튼튼하게 해주는 식초에 주목해 보자. 식사 30분 전에 사과식초 1큰술과 꿀 1큰술을 따뜻한 물에 타서 먹으면 위장의 소화력을 높여준다.

마트 식초 숙성시켜 사용하기

마트에서 파는 식초가 모두 합성 재료인 것은 아니다. 자연 발효 식초를 찾아 구매하거나 저렴한 일반 식초를 구입했을 때는 마늘, 생강, 레몬, 사과, 매실 등 풍미가 있는 재료를 골라 유리병에 반쯤 채우고 그 위에 재료가 다 잠기도록 식초를 붓는다. 이때 재료는 날것도 좋지만, 말린 오미자나 말린 블루베리 등 건과일을 활용해도 된다. 밀봉해서 한 달 정도 두면 재료의 맛이 우러나와 풍미가 깊어진 식초를 즐길 수 있다.

식초 이야기 2

유익균을 듬뿍 섭취할 수 있는 식초 레시피

식초 이야기 3

도전! 홈메이드 식초 만들기

요리는 물론 건강 음료로 딱! 막걸리식초

막걸리 1병, 자연 발효 식초 200㎖

1 막걸리를 유리병에 담은 뒤 자연 발효 식초를 붓는다.
2 한지나 면보로 입구를 밀봉한다.
3 서늘한 곳에 2개월 정도 보관한다.

tip 집에서 식초를 만들 때는 열처리가 되지 않은 생막걸리를 사용하면 좋다. 또한 식초를 만들 때 위에 생기는 초막은 잘 저어서 흔들어준다. 산소를 공급해서 발효를 도와줘야 하는 까닭이다.

향긋한 음료로 좋은 자몽꿀식초

자몽 1개, 저민 생강 2쪽, 꿀 150g, 사과식초 1컵

1 자몽은 껍질을 벗겨 1㎝ 두께로 썬다.
2 열탕 소독한 유리병에 썰어 놓은 자몽을 넣고 생강, 꿀, 사과식초를 붓는다.
3 어둡고 서늘한 곳에서 맛이 어우러질 때까지 일주일간 보관한다. 그대로 마시거나 물에 희석해 마셔도 된다.

관절염과 혈압에 좋은 마늘식초

생막걸리 3통, 마늘 3kg, 설탕 2컵

1 막걸리는 열처리가 되지 않은 생막걸리를 구입한 뒤 식초를 담을 통에 붓는다. 뚜껑을 덮지 않고 한지로 밀봉한 후 고무줄로 묶는다.
2 5일 동안은 하루에 한 번씩 저어준다.
3 그 후 약 45일 동안 실온에서 보관하는데 햇볕이 들지 않는 서늘한 장소에 두는 것이 방법이다. 위에 하얀 막이 생기면 나무젓가락으로 흔들어 저어준다.
4 45일 후 ③에 마늘을 갈아서 넣는다. 마늘은 믹서로 아주 곱게 갈아도 좋고, 주서기를 이용해 즙을 내서 사용해도 된다. 단, 투박하게 갈아서 넣으면 유익한 성분이 더 많이 우러나오므로 취향에 따라 선택한다.
5 ④에 설탕을 종이컵으로 2컵 정도 넣으면 홍초처럼 달콤한 식초가 된다. 달콤한 식초가 싫다면 설탕은 생략해도 좋다.
6 약 6개월 정도 그대로 두었다가 먹는다. 초반에는 가끔 저어서 발효가 잘 되도록 한다.
7 마늘식초는 소주잔 1잔에 종이컵으로 물 1컵을 섞어 마신다. 장아찌를 담글 때 일반 식초 대신 활용해도 좋다.

tip MBN의 〈천기누설〉이라는 프로그램에 소개되면서 화제를 모은 마늘식초. 마늘과 식초가 만나면서 마늘 속의 칼륨이 뼈를 튼튼하게 하는 데 도움을 주는 것으로 알려졌다.

간 기능 회복과 피부 미용에 좋은 감식초

감 2kg, 설탕 200g(땡감일 땐 300g)

1 감은 잘 씻어서 껍질째 잘게 썬다. 감잎을 조금 첨가해도 좋다.
2 빈 통에 감을 담고 설탕을 골고루 뿌린다.
3 뚜껑을 덮어 5일 동안 매일 저어주고 그 후엔 한 달에 한 번씩 저어준다.
4 6개월 정도 숙성시키면 감식초가 된다.
5 취향에 따라 물과 식초를 20 : 1로 섞어 마시거나 샐러드드레싱으로 활용해도 좋다.

tip 설탕이나 누룩을 넣지 않고 담그는 방법도 있다. 우선 물기 없는 감을 항아리나 페트병, 유리병에 차곡차곡 담는다. 뚜껑을 밀봉한 뒤 그대로 둔다. 발효가 잘 되려면 온도가 15℃ 이상 되는 곳이 적당하다. 처음에는 썩는 것처럼 곰팡이가 피는데 6개월 정도 되면 초막도 생기고, 식초가 될 준비를 한다. 시간이 지나면 흰 초막이 없어지고, 1년 정도 그대로 두면 투명한 감식초가 완성된다.

고혈압, 피로 회복에 좋은 포도식초

포도 1kg, 드라이 이스트 1g

1 포도는 알알이 떼어 씻어 드라이 이스트를 넣고 잘 섞는다.
2 ①의 포도를 적당히 으깬다.
3 항아리에 담고 한지를 덮어 꽁꽁 동여맨다.
4 3개월 이상 숙성시킨다.

변비와 다이어트에 좋은 초콩

검은콩 1컵, 식초 3컵

1 검은콩은 깨끗이 씻어 물기를 완전히 뺀 뒤 마른 프라이팬에 살짝 볶아 비린내를 없앤다.
2 ①의 콩은 용기에 담고 식초를 붓는다.
3 사흘 정도 두었다가 콩을 걸러낸다. 걸러낸 식초는 따로 담아 요리에 쓰거나 초콩을 만들 때 다시 사용해도 좋다.
4 냉장 보관하고 식후 30분마다 10알씩, 하루 3번 먹는다. 초콩을 먹고 나서 물을 1컵 정도 마시는 것이 좋다.

3

발효의 핵! 김치와 장아찌

명의가 따로 없다. 밥상 위에 펼쳐진 건강한 우리 음식

김치 이야기 1

장까지 도달하는 유산균에 주목할 것

유네스코에 등재된 인류무형유산, 김치가 장땡이다

우리나라를 대표하는 김치는 이미 유네스코의 인류무형유산으로 등재되어 있다. 몇 해 전 급성호흡기 증후군인 '사스'나 '조류독감 바이러스'가 퍼졌을 때 우리나라에서는 피해가 크지 않았던 이유도 바로 김치의 유산균 덕분이라고 한다. 그 후 발효 식품인 김치가 더욱 주목받게 되었다.

세계가 입을 모아 극찬하는 최고의 유산균

전 세계가 특히 김치에 주목하고 있는 이유는 바로 다양한 유산균 때문. 김치는 소금에 절인 채소에 젓갈과 양념을 혼합해 저온에서 발효시켜 만든다. 발효 과정에서 아미노산과 젖산이 생기고, 특유의 맛과 향이 완성된다. 그도 그럴 것이 배추는 소금에 절이는 과정에서 섬유질 구멍이 열리는데 이때 양념이 스며들고, 많은 양의 유산균이 만들어지는 것.
잘 발효된 김치 1g당 유산균은 약 1억 마리로 기타 발효 식품보다 10배 정도 많다. 장까지 도달하는 유산균의 양은 음료인 경우 약 2%, 낫토는 4%, 김치는 40% 정도라고 한다. 유산균의 양뿐만 아니라 그 효과도 대단하다. 김치 유산균 중 락토바실러스 균은 섭취하는 음식 중 유일하게 대장까지 전달되어 살아남는 유산균으로 알려져 있다.

요즘 젊은 주부들 사이에서 인기! 저염식 김치

최근 김치의 나트륨을 걱정하는 사람들이 늘고 있지만, 우리나라 사람들이 하루에 섭취하는 김치의 양은 70g 정도. 나트륨 섭취 때문에 걱정할 정도는 아니라고 한다. 피자, 자장면, 우동, 카레 등의 일반적인 외식 메뉴보다 김치를 매끼 먹는다 해도 나트륨 섭취가 오히려 적은 편이다. 더구나 예전에는 보관 목적으로 김치를 짜게 절였다면 요즘은 김치냉장고가 생활화되면서 조금 싱겁게 담는 것이 트렌드다.
소금의 양을 줄인 저염식 김치의 경우, 유산균이 장까지 도달하는 양이 훨씬 더 늘어난다고 한다. 일반적으로 간이 싱거우면 맛이 없다고 느끼는데 유산균이 더해지면 소금이나 간장으로 따로 염도를 맞추지 않아도 맛이 살아나므로 저염 김치라도 건강하고 맛있게 먹을 수 있다. 단, 소금의 양을 줄이고 담근 김치는 반드시 저온에서 보관해야 한다.

김치 이야기 2

유익균을 듬뿍 섭취할 수 있는 김치 레시피

담근 지 2주일, 김치가 가장 맛있을 때
김치의 유산균이 가장 활발하게 작용하는 시기는 담근 뒤 일반 냉장고에서 약 10~15일 정도 익혔을 때라고 한다. 전문가들은 맛을 빨리 들이겠다고 실온에서 발효시키는 것보다 천천히 냉장 발효시키는 것이 좋다고 한다.

담가서 금방 먹는 김치에는 요구르트를!
월동 준비를 위해 김장 김치를 담그는 것이 아니라 제철에 나오는 재료로 그때그때 담가 먹는 김치에 발효의 묘를 더하고 싶다면 양념을 만들 때 일명 '야쿠르트'라고 불리는 마시는 요구르트 한 병을 넣어보자. 감칠맛도 더해지고 발효도 빨리 된다고 한다.

김치 양념은 냉동 보관해 두고 쓰면 편리하다
김치에 들어가는 양념은 한두 가지가 아니다. 액젓, 고춧가루, 마늘, 육수까지…. 김장철에 김치를 담글 때 양념을 넉넉하게 만들고 소분해서 냉동실에 보관해 보자. 제철 재료로 김치를 담글 때 미리 만들어둔 양념에 무채나 파 등 향채를 조금만 더하면 번거롭지 않게 김치를 담글 수 있다. 김치뿐 아니라 찌개나 조림 등 칼칼한 맛이 필요할 때 사용해도 좋다.

장아찌 이야기 1

제철 식재료, 숙성 과정을 거치면서 보약이 된다

김치도 그 처음은 장아찌였더라

우리 선조들은 제철에 나오는 채소를 말려서 묵나물로 만들거나 소금, 식초, 장류 등에 절여서 먹었다. 대표적인 발효 저장 식품인 김치 역시 소금과 간장에 절인 장아찌에서 시작되었다고 한다.

위염이나 역류성 식도염이 있는 사람에게 강추

장아찌를 예전부터 먹던 밑반찬 정도로 치부하기에는 영양 성분이 꽤나 높다. 최근 연구 결과에 따르면 간장 등의 발효 식품보다 장아찌가 효모나 유산균 등의 성분이 더 풍부하다고 해서 새로이 주목받고 있다.

장아찌 재료로 사용되는 채소에는 비타민 A·B·C를 비롯하여 칼슘·철분·인 등의 무기질이 많다. 또한 식이 섬유소를 많이 함유하고 있어 정장 작용을 활발하게 하기 때문에 변비에 좋고, 혈중 콜레스테롤을 떨어뜨려 각종 성인병 예방에 도움이 된다. 칼로리가 높지 않다는 것도 큰 장점이다.

그 밖에 간장, 된장, 고추장, 술지게미 등으로 장아찌를 만들 때 재료가 절여지는 동안 비타민, 미네랄, 폴리페놀 등 여러 생리 활성 물질이 증가한다. 원재료가 가진 영양소 이외에도 숙성 과정에서 각종 유기산과 아미노산 등이 생성되고 옥산균, 바실러스균, 효모군 등 소화와 장 건강에 좋은 유익균이 많아진다. 때문에 위염과 역류성 식도염에 시달리는 사람들에게 장아찌는 특효약이라고도 할 수 있다.

물기가 생기지 않도록 밑 손질에 공들일 것

수분이 적고 섬유소가 많은 채소를 장에 담그면 삼투압과 효소의 작용으로 장아찌가 완성되는데 맛을 보존하기 위해서는 밑 손질에 신경 써야 한다. 장에 물기가 생기면 맛이 변하기 때문이다. 수분이 많은 채소의 경우, 소금으로 절인 뒤 꾸들꾸들할 정도로 말린 뒤 담그면 좋다. 봄에 나오는 연하고 향이 강한 재료나 물러지기 쉬운 재료에는 간장이 잘 어울리고, 억세고 쓴맛이 나는 나물은 된장이 좋다. 뿌리까지 먹는 채소는 고추장과 잘 어울린다.

나트륨 때문에 걱정이라고요? "괜찮아요!"

짠맛 때문에 장아찌가 건강에 좋지 않다고 꺼리는 사람도 있지만 장아찌는 익히지 않고 발효시키기 때문에 걱정할 필요가 없다. 장아찌에 많이 함유된 칼륨이 나트륨을 제거해 주기 때문이다.

장아찌 이야기 2

유익균을 듬뿍 섭취할 수 있는 장아찌 레시피

끓이지 않고 담그는 간장장아찌
장아찌의 저장 기간을 높이기 위해 보통 간장을 한번 끓여서 사용한다. 그런데 끓이지 않고 간장, 식초, 설탕, 소주를 모두 동량으로 섞어서 만드는 손쉬운 방법도 있다. 간장을 끓이지 않기 때문에 효소와 효모가 그대로 살아 있어 맛은 물론 건강에도 좋다.

재료가 뜨면 부패하기 쉽다
장아찌를 담글 때 가장 중요한 것은 어떤 장에 담그던지 재료가 위로 뜨지 않아야 한다. 간장에 담글 때는 재료 위에 접시를 얹고 돌을 눌러두면 좋고, 된장이나 고추장에 담글 때는 맨 위의 재료가 보이지 않도록 장을 두툼하게 얹어주는 것이 기본. 곰팡이가 슬지 않도록 매실 엑기스를 거르고 난 매실을 얹어주는 것도 효과적인 방법이다.

저염식 간장장아찌를 만드는 노하우
새콤달콤한 맛이 좋으면 물·간장·식초·설탕의 비율을 모두 1 : 1로 하고, 조금 덜 달고 깔끔한 맛을 원한다면 설탕을 반으로 줄여도 좋다. 단, 마늘처럼 단단한 것은 간장과 같은 양의 물을 넣어도 되지만 수분이 많은 오이나 양파 등의 재료에는 물을 넣지 않는 것이 좋다.
항아리나 유리병에 담아 실온에서 익힐 경우 일주일 정도 지난 후 간장만 따라내서 팔팔 끓이고, 식혀서 다시 붓기를 두 번 이상 반복한다. 냉장고 안에서 소량만 익히는 경우라면 이런 수고로움이 따로 필요 없다.

자투리 채소를 섞어서 담그는 모둠장아찌
장아찌용으로 일부러 재료를 살 필요 없이, 냉장고에 남은 자투리 채소를 모아 장아찌를 만들어도 좋다. 무, 양파, 마늘, 고추, 셀러리, 오이 등 다양한 채소로 장아찌를 만들 때 제일 늦게 절여지는 단단한 재료들은 아래쪽에, 먼저 절여지는 것들은 위쪽에 두고 절여지는 대로 건져서 먹는다.

효모가 살아 있는 주박장아찌도 주목!

주박장아찌란 청주의 생산 과정에서 만들어지는 주박(술지게미)에 큰 참외, 오이, 무, 배추, 가지 등의 채소를 넣고 1년 이상 절여서 만든 장아찌를 말한다. 다른 지역에서는 대부분 버리는 주박을 군산에서는 특산품으로 활용하고 있다.

술지게미에는 탄수화물, 조단백, 조지방, 식이섬유가 풍부하고 당뇨, 고혈압, 미백, 동맥경화 등에 효능이 있다. 게다가 술지게미 추출물에 항균, 항산화 작용이 있다는 연구 결과가 발표되어 주박장아찌에 대한 관심이 더욱 높아지고 있다.

술지게미로 발효, 숙성시키기 때문에 독특한 술 향이 첨가되어 입맛을 돋우는 효과가 있으며 일반 장아찌보다 소화, 흡수가 잘 된다. 2~3년 정도 숙성시키면 술지게미 속의 발효 미생물 덕에 짠맛이 줄어들고, 큰 참외로 만든 울외장아찌는 식도염을 낫게 한다는 연구 결과도 있다. 주박장아찌는 칼륨 함량이 참외나 시금치에 비해 10배 정도 높고, 몸에 열이 많은 사람에게는 열을 내려주고 배설 작용을 촉진시키며 피로 회복 효과도 탁월하다.

말린 재료 넣어 만든 맛간장 활용하기

맛간장은 조금씩 담가서 금방 먹을 계획이라면 간장의 비율을 조금 줄이고, 대신 매콤한 청양고추나 셀러리 같은 향채소를 듬뿍 넣는다. 장아찌용 맛간장을 만들 때 말린 양파 껍질, 말린 표고버섯, 다시마, 말린 귤껍질, 말린 파뿌리 등을 넣고 육수를 내어 물 대신 섞으면 맛과 향이 좋아지고 간장의 염분을 낮춰주는 효과도 있다. 또한 생채소를 넣었을 때보다 빠져나오는 수분이 적어 오래 보관할 수 있다.

맛간장을 만들 때는 간장과 말린 재료 육수를 1 : 1의 비율로 섞고, 설탕 대신 조청을 재료의 4분의 1 정도 넣어서 끓이면 맛있다. 이렇게 만든 맛간장에 제철 재료를 담가 만든 장아찌는 식욕과 건강을 돋우는 명품 음식이 되기에 충분하다.

된장이나 고추장으로 장아찌를 담글 때는 이렇게

된장이나 고추장에 절여서 장아찌를 만들 때는 원재료의 수분을 없애야 더욱 맛이 좋게 완성된다. 무나 단감 등은 소금에 살짝 절인 뒤 채반에 3~4일 정도 꾸덕꾸덕해질 정도로 말려서 층층이 담그면 씹는 맛이 훨씬 좋아진다. 또한 오랫동안 보관해도 곰팡이가 필 확률이 적다.

저염 장아찌는 서늘한 곳에 보관하는 것이 요령

오랜 기간 맛있는 발효 식품을 즐기려면 보관을 잘하는 것도 중요하다. 젓갈이나 된장 등의 장류는 염도가 높기 때문에 대부분 실온에서 보관한다. 하지만 요즘 염도를 낮춰 요리하는 '저염식'이 트렌드로 떠오르면서 발효 식품을 만들 때도 소금의 양을 줄이는 추세다. 저염 발효 식품은 실온에서 보관하면 쉽게 부패한다. 김치냉장고나 15℃ 이하의 서늘한 곳에서 보관하는 것이 좋다. 집에서 식사하는 횟수가 적은 사람이 장아찌를 사 먹을 경우에도 많은 양을 구입하기보다는 소량 구입해 그때그때 먹는 것이 현명한 방법이다.

4

젊은 발효! 수제 요구르트

유익균은 늘리고, 유해균은 차단하는 위풍당당 별식

수제 요구르트 이야기 1

맛있다, 섞어 먹는 재미가 있다, 애들도 좋아한다!

우유 대신 우유를 발효시킨 요구르트

한때 완전식품으로 불린 우유 대신 최근 주목받고 있는 것이 바로 우유를 발효시킨 요구르트(유산균 발효유)와 치즈다. 요구르트는 1907년 러시아 생물학자 메치니코프(1845~1916년)가 '생명 연장'이라는 논문을 발표하면서 건강식품으로 주목받기 시작했다. 메치니코프는 "질병의 대부분이 장 속 유해 미생물 때문에 생긴다"고 강조했는데 요구르트가 장내 유익균은 늘리고, 유해균은 억제하는 작용을 한다. 즉, 유해균이 없어짐에 따라 장내 환경도 더불어 좋아지는 것이다.

우유는 발효 과정을 거치면서 유당을 분해하는 효소를 얻어 유당을 포도당과 갈락토스로 분해한다. 또한 티아민, 리보플라민, 비타민 $B_1 \cdot B_2 \cdot B_6 \cdot B_{12} \cdot$ 비타민 K 등을 합성한다. 이때 젖당이 젖산으로 분해되는데, 우유 속 단백질·칼슘은 그대로 유지하면서 소화는 좋아진다. 결과적으로 요구르트를 꾸준히 섭취하면 자가 면역력을 높여 각종 질병을 예방하는데 도움이 되는 것은 물론 소화력도 상승된다.

전기밥통에서, 실온에서… 기구 없이도 쉽게 만든다

사 먹는 요구르트가 간단하지만 각종 첨가물과 당분 때문에 꺼려지는 게 사실이다. 플레인이라고 표시된 제품에도 당 성분이 일정 부분 포함되어 있기 때문이다. 요즘 요구르트가 인기를 얻으면서 당을 전혀 첨가하지 않은 플레인 요구르트도 시판되고 있지만, 이 경우 가격이 은근히 신경 쓰인다. 그렇다면 이제 집에서 만들어보자.

가장 손쉬운 방법은 시판 요구르트를 섞어서 만드는 것. 액상 요구르트 1병 혹은 떠먹는 제품 1개에 우유 800㎖~1ℓ 정도를 섞은 뒤 따뜻한 곳에 놓아두기만 하면 된다. 굳이 요구르트 제조기를 구입하지 않아도 전기밥통을 보온 모드로 설정하고 그 안에 넣어 두거나 따뜻한 실온에 하루 이상 두기만 해도 완성!

요즘은 요구르트 종균을 얻어서 만드는 사람도 많다. 카스피해 유산균, 티벳버섯 등을 활용하면 특유의 담백하고 부드러운 맛을 음미할 수 있다. 수제 플레인 요구르트는 약간 묽은 느낌이 드는데 이럴 때는 냉장고에 넣어 두면 농도가 한결 되직해진다. 시중에서 판매하는 떠먹는 요구르트는 설탕 등 당분이 좀 더 들어간 데다 유통 과정 중 발효가 진행되어 굳어진 상태라고 할 수 있다.

빈속에 먹을 때는 물 한 잔을 먼저 마실 것

이른 아침 일어나 빈속에 요구르트를 먹을 때는 꼭 물을 한 잔 마셔 위산을 먼저 내려보내고 난 뒤 먹는다. 요구르트의 유산균은 산에 약하므로 빈속에 요구르트를 먹으면 밤새 분비된 위산에 의해 유산균이 죽기 때문. 요구르트는 만든 지 3일째 됐을 때 유산균이 가장 많다. 시간이 더 지나면 신맛이 강해지기 때문에 3일 내외로 다 먹는 것이 좋다.

담는 용기나 숟가락은 플라스틱이나 나무 소재로!

요구르트를 먹을 때 꼭 기억해야 할 것은 반드시 플라스틱이나 나무 수저로 먹어야 한다는 것. 요구르트를 담는 용기도 마찬가지다. 스테인리스 스틸 소재의 수저나 용기를 사용하게 되면 유산균이 죽을 수 있기 때문이다.

수제 요구르트 이야기 2

유익균을 듬뿍 섭취할 수 있는 요구르트 레시피

견과류나 과일, 시리얼을 섞어 한 끼 식사로

요구르트만 먹는 것보다 요구르트 100㎖에 과일을 섞어 먹으면 간단한 아침 식사나 간식으로도 좋다. 여기에 꿀이나 견과류를 넣어 먹거나 시리얼을 섞어도 좋고, 요즘 건강식으로 각광받는 오트밀도 추천한다. 요구르트와 오트밀을 섞어 밤새 두었다가(오버나이트 오트밀) 아침에 먹으면 오트밀 죽을 따로 끓일 필요 없이 간편하게 건강식을 즐길 수 있다.

각종 소스나 드레싱으로

집에 있는 요구르트를 다양하게 활용하고 싶다면 마시는 용도 이외에 샐러드드레싱을 만들 때 사용해도 좋다. 요구르트에 식초, 레몬즙, 소금, 후춧가루를 조금씩 섞어서 입맛대로 만들면 된다. 단맛을 가미하고 싶을 때는 꿀을 조금 섞는다. 이렇게 만든 드레싱은 채소 스틱을 찍어 먹는 소스로도 제격이다.

요구르트로 만든 스무디도 추천

카페에서 인기 높은 요구르트 스무디. 플레인 요구르트 150㎖ 정도에 블루베리나 딸기 등의 새콤달콤한 냉동 과일 ⅔컵, 얼음 ⅔컵, 레몬즙과 꿀 약간을 섞어서 믹서에 갈기만 하면 된다. 파인애플, 홍시, 바나나, 수박 등 그때그때 집에 있는 과일을 이용해서 만들면 더욱 좋다.

유산균 배양 요구르트 만들어 먹기

집에서 요구르트를 만들기는 어렵지 않다. 우유 1ℓ에 불가리스류의 시판 요구르트 한 병을 넣고 발효시키는 것이 기본. 요즘은 단맛 나는 시판 요구르트 대신 티벳버섯이나 카스피해 유산균 등으로 천천히 발효시키는 방법이 인기다.

미지근하게 데운 우유에 이들을 조금 넣고 36~43℃에서 한나절 정도 발효시키면 요구르트가 완성된다. 티벳버섯은 이른바 살아 있는 유산균의 집합체라고 할 수 있다. 카스피해 유산균은 분말 형태로 구입할 수 있는데 요구르트를 만들 때 계속 재배양해서 사용할 수 있다. 카스피해 유산균에는 크레모리스 균이라는 유산균이 들어 있으며 죽지 않고 장까지 흘러가기 때문에 장 트러블에 시달리거나 변비가 있는 사람에게 특히 좋다.

유산균 분말로도 수제 요구르트를 만들 수 있다

유산균이 건강식품으로 주목받으면서 분말이나 캡슐 형태의 제품도 늘고 있다. 특별히 요구르트용으로 나온 유산균이 없다면 건강보조식품으로 먹는 유산균 분말을 사용해도 좋다. 역시 우유와 섞어서 20℃ 정도의 온도에서 하루 이상 발효시킨다.

발효 生活

가까이할수록 건강해지는 EM 발효액에 대하여

1

EM 발효액이 뭐지?

청소와 빨래, 해충 제거… 독한 세제 없이도 거뜬하다

먹기만 한다? 아니 아니, 쓰기도 한다

[EM] : Effective Microorganisms의 머리글자를 딴 약자.
'유용한 미생물'이라는 뜻.

천연 생활에 대한 열기가 점점 높아지면서 주목받고 있는 것이 바로 미생물, 즉 EM이다. 처음에는 농업과 축산 분야에서 사용했는데 점차 그 범위가 넓어져 집안의 음식 냄새 제거, 화장실 청소, 빨래와 설거지, 목욕 및 화장품으로까지 활용하게 되었다.
우리가 일상적으로 사용하는 EM은 일본의 히가 테루오 교수에 의해 개발된 유용 미생물 집합체를 말한다. 전 세계 150여 나라에서 농약과 화학비료 대신 사용하고 있으며 효모, 유산균, 누룩균, 광합성 세균 등 80여 종의 미생물이 들어 있다. 이는 악취 제거, 수질 정화, 산화 방지, 음식물 발효 등에 탁월한 효과가 있다.
우리나라에서도 몇 해 전부터 건강한 삶에 관심 있는 주부나 친환경 농법을 펼치는 농부들을 중심으로 EM 발효액을 활용하는 경우가 늘고 있다. 사용자는 물론 환경에도 매우 유익하기 때문에 각 지자체나 주긴 센터에서 EM 발효액을 직접 만들어 무료로 나눠주며 활용을 권장하고 있을 정도다.

생활 속의 오염물을 제거하는 지구 지킴이

가습기? 무섭다. 공기청정기? 마땅치 않다. 우리가 생활하는 공간 안에서 공기를 오염시키는 것으로는 가구, 페인트, 바닥재, 먼지, 카펫, PVC 소재 샤워 커튼, 드라이클리닝 옷 등 무궁무진하다. 공간을 깨끗하게 만들기 위해 쓰는 청소용품 역시 나쁘기는 마찬가지다.
화학 성분에 함유되어 있는 독소가 면역계 장애나 간에도 영향을 미친다는 것은 이미 널리 알려진 사실이다. 표백제는 남자의 생식 기능이나 아이들의 학습 능력 혹은 행동 문제와 연관이 있다고 한다. 편리한 다목적 세제나 살균력 99.9%를 자랑하는 가정용품들은 확실히 환경과 몸에 나쁜 영향을 미친다.

이런 제품을 사용할 경우, 처음엔 깨끗해진 듯해서 마음에 들지만 강력한 합성 세제에 내성을 가진 유해균이 증식하게 되면 생활 환경은 더욱 나빠지게 된다. 시간이 흐를수록 세제를 더욱 많이 쓰거나 한층 더 강력한 것으로 바꿔야 곰팡이나 냄새가 없어지기 때문이다. 그럼 어떡하라고? 차차 이야기하겠지만 EM 발효액은 그래서 필요하다. 그 모든 환경 전쟁에서 이기기 위해 관심을 갖고 곁에 두어야 한다는 뜻이다.

살균제와 유해균 사이의 악순환을
끊을 수 있는 대안

SBS의 〈99.9% 살균의 함정〉이라는 프로그램을 보면 아토피, 천식, 알레르기 등 각종 면역 질환의 재앙은 우리 몸의 세균 밸런스가 무너지는 데서 비롯된다. 그러므로 세균은 모두 해롭다는 편견을 버리고 유익균에 주목해야 한다. 간장이나 메주를 띄울 때도 손에 티누질을 하지 말아야 한다는 말처럼 살균은 유익균까지 없애는 작용을 한다. 살균제의 습격을 받은 나쁜 균들은 점점 더 강력해져서 되돌아온다. 더 강해진 놈들을 이기기 위해서는 더 강한 살균제를 쓸 수밖에 없다. 이런 무한 반복의 고리를 끊기 위해서라도 EM 발효액에 주목할 필요가 있다.

각종 친환경 매장이나 EM 환경센터
제품을 추천

EM은 원액을 구입해 발효시켜 사용해도 좋고, 발효액을 직접 구입할 수도 있다. 각 지역 동사무소에서 EM 발효액을 무료로 가져갈 수 있게 한 곳이 많으니 자신이 사는 지역의 현황을 알아보는 것이 우선.
한살림, 생협, 초록마을 등 각종 친환경 매장에서도 구입할 수 있는데, EM 환경센터의 원액과 당밀이 가장 저렴하고 신뢰가 높다는 평. 처음 EM을 접하는 사람이라면 원액이 아니라 활성액을 먼저 구매한 뒤 활용도가 높다는 판단이 들면 원액을 구입해 발효액을 만드는 것이 저렴하게 이용할 수 있는 방법이다.

2 EM 발효액이 왜 좋지?
환경도 살리고,
사람도 살리는 참 이로운 용액

환경의 이로운 선순환을 유도한다
EM 발효액으로 청소를 하면 처음엔 다른 살균 세제에 비해 극적인 효과가 없는 것이 사실이다. 그러나 시간과 노력이 들더라도 지속적으로 사용하면 유용한 미생물이 정착하게 되고, 유해균이 억제되어 생활 환경이 점점 좋아지게 된다. EM 발효액으로 꾸준히 청소를 하다 보면 수질 및 공기가 오염 되는 것을 예방할 수 있다. 당장 큰 이득을 주지 않더라도 장차 우리 아이들이 살아갈 환경에 물과 공기, 대지가 오염되는 것을 조금이라도 막을 수 있다면 적극적으로 사용해 보자.

아토피 & 알레르기성 체질 개선을 돕는다
스트레스, 항생제, 환경 공해 등은 몸은 물론 피부의 밸런스를 파괴시킨다. 요즘 어느 집에서나 흔하게 볼 수 있는 아토피, 알레르기, 탈모 등은 유전적 원인이 아닌 환경적 원인에 의해 증가하고 있다. EM 발효액을 샴푸나 세안제에 타서 쓰기만 해도 이런 증상들이 한결 완화된다.

불쾌한 냄새를 없애준다
EM 발효액은 청소나 몸을 씻는 데는 물론 집 안의 각종 악취를 없애는 데도 사용할 수 있다. 집 안 공기가 밖의 공기보다 나쁘다는 건 이제 상식. 창문을 활짝 열고 환기를 시켜도 사라지지 않는 악취나 음식 및 음식물 쓰레기 냄새 등도 깔끔하게 제거된다.

항산화 효과가 뛰어나다
EM 발효액은 다른 천연 세제들과 달리 항산화 효과가 뛰어나다. 예를 들어 못을 물에 담가 놓으면 금세 녹이 슨다. 하지만 EM 발효액을 떨어뜨린 물에 담가 놓은 못은 항산화 작용으로 녹이 슬지 않는다. EM 발효액을 바르고, 닦고, 뿌리다 보면 우리 환경도 항산화 효과로 건강해질 수 있다.

애완동물에게도 활용할 수 있다
동물의 몸에 EM 발효액을 희석한 액을 자주 뿌리고, 집과 배변 장소에도 뿌려 주면 악취를 없애준다. 신문지 위에 뿌린 뒤 기거하는 곳에 깔아 주어도 좋다.

양치질, 족욕할 때도 효과적
치약에도 EM 발효액을 타서 양치질을 하면 가장 먼저 구취가 사라지는 것을 느낄 수 있다. 뿐만 아니라 구내염과 치주염, 혓바늘이 돋는 등의 자잘한 입병들을 손쉽게 다스릴 수 있고 치아나 잇몸이 들뜨는 증세도 개선시킬 수 있다. 무좀이 있는 사람은 EM 발효액을 탄 따뜻한 물에서 족욕을 하면 좋다.

3 EM 발효액은 어떻게 만들지?
술 담그듯 술술, 내친김에 다 같이 만들어보기

EM 원액 20㎖, 쌀뜨물 1.4ℓ, 설탕 20g, 소금 1/2큰술

1 깨끗이 세척해서 말린 1.5ℓ 페트병이나 물병이 발효액을 담아두기 가장 편하므로 미리 준비해 둔다. 뚜껑이 있는 용기에 쌀뜨물을 제외한 준비물을 모두 넣고 잘 섞는다.
2 쌀뜨물은 첫 물은 버리고 두 번째 물을 받아 넣는다. 쌀뜨물을 미지근하게 해서 섞으면 설탕이 더욱 잘 녹고 발효도 잘 된다. 미생물의 먹이가 되는 당분인 설탕은 백설탕, 흑설탕, 원당, 시럽 등 모두 사용 가능하다.
3 직사광선을 피해 따뜻한 곳(25~40℃)에서 일주일간 보관한다.
4 뚜껑을 열어봤을 때 시큼한 냄새가 나면 완성된 것이다. 발효에 실패해서 악취가 난다면 버리고 처음부터 다시 만든다.

tip
1 발효 중 가스가 차올라 용기가 팽창하면 뚜껑을 살짝 열었다가 닫는다. 단, 너무 자주 여는 것은 금물.
2 발효액이 담긴 병을 재사용하면 발효가 더욱 잘된다.
3 쌀뜨물 발효액은 실온에서 3개월 정도, EM 원액은 6개월 정도 사용할 수 있다. 제품에 따라서 냉장 보관해야 하는 것도 있으니 설명서를 잘 읽어본다.
4 발효액 뚜껑을 30번 정도 열면 발효액의 효과가 사라진다. 그러므로 자주 사용하지 않는 사람이라면 작은 병에 옮겨가며 쓰는 것이 좋다.

4 EM 발효액 어디에 쓰지?

어느 공간에서나 큰 힘이 되는 특급 도우미

EM 발효액은 필요에 따라 원액을 직접 사용하거나 물과 섞어서 쓰기도 한다. 분무기에 물과 EM 발효액을 100 : 1 비율로 섞어두면 사용하기 편리하다. 하지만 물과 희석시킬 때 굳이 비율을 정확히 지켜야 하는 것은 아니다. 일반 세제를 쓸 때와 같은 기분으로 편하게 사용하면 된다. 많이 쓴다고 해서 부작용이 생기는 일은 없기 때문이다. 다시 한 번 강조하지만 EM 발효액은 병에 담긴 통째로 쓰지 말고, 작은 통에 덜어서 곳곳에 놓아두고 사용하는 것이 좋다.

주방에서

주방 세제와 섞어 사용하면 환경 오염을 막는다
주방 세제 30%에 EM 발효액 70%를 섞어서 사용하거나 발효액을 80%의 비율로 섞어도 괜찮다. 세정력은 증가하고 환경 오염은 줄일 수 있다.

물때 제거에도 탁월
기름기 없는 식기는 물로 살짝 씻은 뒤 세제 없이, 50배 정도 희석한 EM 발효액에 헹구는 것만으로 충분하다. 특히 물때가 끼거나 자국이 남기 쉬운 유리컵 등이 잘 닦인다.

냄새 밴 그릇도 깔끔하게
김치 통이나 도마 위의 빨간 김칫국물이 잘 빠지지 않는다면 EM 발효액에 하룻밤 담가놓기만 하면 깨끗해진다.

철 수세미 대신 발효액에 담가두어도 OK!
기름때가 눌어붙어 닦기 힘든 불판이나 오염이 심한 가스레인지 삼발이 등도 EM 발효액에 한두 시간 담가두면 강력한 세제나 수세미를 쓰는 것보다 힘 안 들이고 깨끗이 세척할 수 있다.

도마와 조리 도구의 살균 효과
신발 안쪽보다 오염도가 더 심하다는 요리용 도마. EM 발효액을 10배의 물로 희석한 용액에 도마를 한두 시간 담갔다가 씻으면 대장균과 일반 세균이 현저히 감소되어 저절로 살균 소독 효과를 볼 수 있다.

싱크대 배수구 청소
늘 음식물 찌꺼기가 달라붙어 있는 싱크대 배수구. 청소하기 번거롭지만 매일 닦지 않으면 냄새가 날 수 있다. EM 발효액을 부어놓고 사용하면 배수구를 한결 청결하게 유지할 수 있다.

음식물 쓰레기 냄새 없애기
EM 발효액을 물과 1 : 100 비율로 희석해서 분무기에 넣고 음식물을 버릴 때마다 쓰레기통에 뿌리면 쓰레기 냄새를 줄일 수 있다. 특히 여름철 날파리가 꾀는 것도 막을 수 있다.

찌든 때? 물과 1 : 1로 희석한 EM 발효액으로

후드나 가스레인지 주변 등 기름때와 먼지가 뒤엉켜 청소할 엄두가 나지 않는 주방 기구에도 EM 발효액을 뿌리고 찌든 때가 붙기를 기다렸다가 닦으면 깨끗해진다. 락스를 뿌려서 청소하는 것보다 냄새도 안 나고 눈도 따갑지 않다. EM 발효액과 물을 1 : 1로 섞어서 분무기에 담고 찌든 때가 있는 부위에 뿌린 뒤 20분 정도 기다렸다가 마른 천으로 닦는다. 물에 적신 수건이나 천으로 한 번 더 닦으면 깨끗해진다.

냉장고 내부 청소할 때도 착하게

아무리 신경 써도 금세 지저분해지는 냉장고 속. 쌀뜨물 발효액에 물을 10배~100배 정도 희석해서 분무기에 담아 뿌려가며 청소하면 좋다. 냉장고 안에서 세균이나 곰팡이가 번식할 걱정도 덜고, 음식물 냄새도 깔끔하게 제거할 수 있다.

과일이나 채소 씻을 때

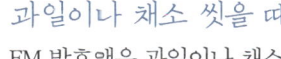

EM 발효액은 과일이나 채소를 씻을 때도 효과적으로 잔류 농약을 없애주는 고마운 세정제다. 쌀뜨물 EM 발효액에 물을 10배 정도 희석해서 과일이나 채소를 담그고 30분 정도 기다린 후 씻어서 먹으면 된다. 채소와 과일에 묻어 있는 잔류 농약의 독성을 중화시키고 EM 성분이 항산화 물질을 증가시켜 오랫동안 싱싱하게 보전해 준다.

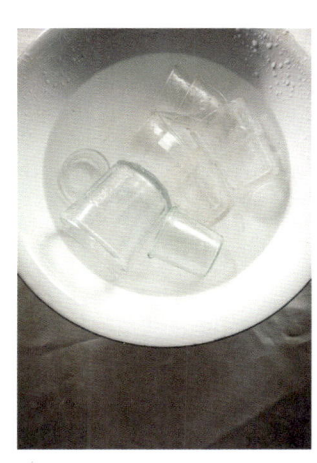

행주 세척할 때도 제격

행주에서 냄새가 날 때 삶을 필요 없이 EM 발효액을 사용하면 냄새를 제거할 수 있다. EM 발효액 반 컵에 물을 1L정도 넣고 행주를 담근 뒤 30분 정도 기다렸다가 헹군다. 이때 베이킹소다를 조금 넣으면 더욱 효과적이다.

세탁할 때

액체 세제에 섞어두고 사용한다

EM 발효액은 세탁 세제와 함께 사용하면 효과적이다. 액체 세제에 미리 EM 발효액을 6 : 4 정도의 비율로 섞어두면 필요할 때마다 편하게 쓸 수 있다. 'EM 원액을 섞으면 더 깨끗하게 될까? 거품은 제대로 날까?' 하는 식의 걱정은 할 필요가 없다. 헹굼을 추가할 필요 없이 깔끔하게 세탁된다.

빨래를 발효액에 담가두기만 해도 살균, 표백 효과

애벌빨래를 하는 개념으로 세탁물을 EM 발효액에 미리 담가두면 살균은 물론 표백 효과까지 한꺼번에 볼 수 있다. 빨래 5㎏당 EM 발효액 100㎖ 정도의 비율로 넣고 2~3시간 이상, 찌든 때가 심할 경우 밤새 불려 두었다가 세제를 넣고 세탁기에 돌린다.

세탁 마지막 단계에 섬유유연제 대신 사용

EM 발효액은 섬유유연제 대신 사용하면 세탁물의 정전기를 방지 해 주는 효과를 얻을 수 있다. 발효액 1ℓ와 구연산 250g을 섞어 두었다가 섬유유연제로 사용하면 더욱 효과가 좋다. 물 10ℓ 기준에 드럼 세탁기는 50㎖, 일반 세탁기는 100㎖ 정도 넣는다. 마지막 헹굼 물 코스에서 세탁기를 정지하고 한 시간 정도 담가두었다가 탈수하면 옷에 남아 있는 세제 찌꺼기까지 없앨 수 있어서 일석이조.

세탁조 세제도 EM 발효액으로

EM 발효액을 사용해서 세탁하면 빨래만 깨끗해지는 것이 아니라, 세탁기 안도 덩달아 깨끗해지는 효과를 기대할 수 있다. 즉 세탁조 청소액을 따로 사용할 필요가 없다는 뜻이다.

세제의 독성은 줄이고 세탁 효과는 높이는 EM 발효액

청소할 때

골칫거리 화장실 청소에 효자 노릇
빨래나 설거지는 그때그때 하지만 맘을 먹어야 시작하는 화장실 청소. 화장실 타일의 곰팡이, 변기 물때와 퀴퀴한 냄새는 즉각적인 효과를 주는 세제를 쓰지 않을 수 없게 만든다. 처음 EM 발효액을 사용할 때는 농도도 짙게, 자주 사용하게 되지만 시간이 지날수록 유용 미생물이 정착하고, 유해균이 억제되기 때문에 발효액을 자주 사용하지 않아도 된다. 배수구나 변기에는 구연산을 조금 풀어서 섞으면 거품이 보글보글 나면서 세정력이 더욱 높아진다.

물때와 악취 제거에 최고
하수구나 싱크대 주변에도 EM 발효액을 한 번씩 뿌렸다가 닦아주면 물때가 끼는 것을 막을 수 있다. 발효액으로 설거지를 하거나 채소와 식료품을 씻으면서 발효액이 싱크대 배수구로 흘러가면 자연스럽게 악취가 사라지고, 하수관 속의 이물질을 분해하는 동시에 부패를 막아준다. 이렇게 하면 하수구 냄새는 물론, 수질 오염까지 막을 수 있다. 배수구에 물을 내릴 때마다 EM 발효액을 조금씩 부어 보자.

칫솔도 깔끔하게 살균
식초와 EM 발효액 각 1방울씩에 구운 소금 한 꼬집을 섞어 살균 액을 만든다. 컵에 살균 액을 3분의 1 정도 넣고 칫솔을 담갔다가 물로 씻어내면 강력한 살균 효과를 얻을 수 있다. 남은 액은 천에 묻혀 방문 손잡이, 변기 레버, 수도꼭지 등을 닦아주면 좋다.

가습기 곰팡이나 물때 걱정 끝!
가습기 속의 고여 있는 물에서 생기는 물때, 곰팡이, 세균 증식 등이 걱정이라면 EM 발효액을 가습기 물에 30~50㎖ 정도 섞어서 사용해 보자. EM 발효액 덕분에 곰팡이나 세균이 번식하지 못해 2차 감염 걱정 없이 사용할 수 있다.

애완동물 냄새 제거
애완동물을 키우는 집은 아무리 청소해도 냄새가 나기 마련. EM 발효액과 물을 1 : 100 정도로 섞어서 분무기에 담고 자주 뿌려준다. 불쾌한 냄새를 없애는 것은 물론 진드기 등을 예방하는 데도 효과적. 애완동물 몸에 직접 분사해도 OK!

에어컨 청소에도 효과적
1년에 한 달 정도 사용하는 에어컨은 사용하기 전과 사용 후 필터를 따로 청소해야 한다. 이때 EM 발효액과 물을 1 : 500 비율로 섞어서 필터를 닦으면 곰팡이와 세균 걱정을 덜 수 있다.

섬유탈취제 대신 사용
매번 세탁하기 힘든 의류, 침구, 카펫 등에 섬유탈취제 대신 EM 발효액을 사용하는 것도 효과적. EM 발효액에 물을 100~500배 정도 희석해서 분무기에 담은 뒤 수시로 뿌리면 집먼지 진드기가 사라지고 정전기 예방에도 효과가 있다.

계피를 더해 집먼지 진드기 제거
EM 발효액에 통계피를 넣어 따뜻한 곳에서 3일 정도 우려낸다. 이렇게 만든 계피 물을 분무기에 넣어 침구나 베게 등에 뿌리면 집먼지 진드기를 없애는 데 도움이 된다.

씻을 때

피부를 촉촉하게 해주는 입욕제
EM 발효액과 목욕물은 1 : 100 정도의 비율로 섞으면 훌륭한 입욕제가 된다. 아토피나 피부염으로 고생하는 아이는 물론 어른들도 짓무름이나 피부 트러블이 사라지는 효과를 볼 수 있다. 기저귀 발진으로 고생하는 갓난아기에게도 EM 발효액을 목욕물에 섞어주면 좋다.

탈모에 효과적인 발효액 샴푸
EM 발효액을 기존 샴푸에 섞어 놓으면 독한 계면활성제 성분이 누그러들면서 건강한 두피를 만들어준다. 기존 샴푸 통에 3분의 1 정도 분량으로 섞으면 된다. 특히 두피에 염증이 자주 생기거나 유해균과 모낭충이 번성해서 비듬이나 지루성 탈모가 있는 사람이라면 비싼 기능성 샴푸를 구입할 필요가 없다. 머리를 감을 때 20㎖ 정도를 물에 희석해서 1주일에 3일 정도 마지막 헹굼 물로 사용하면 확실히 두피가 건강해지고, 탈모도 예방할 수 있다.

세안할 때 헹굼 물로
EM 발효액을 10배 혹은 20배 정도 희석한 물을 준비한다. 이 물로 평소처럼 세안하고, 다시 발효액을 희석한 물로 피부에 물을 살살 바르는 느낌으로 세안한다. 물의 온도는 미지근한 정도가 좋다. 물을 닦아내고 얼굴의 물기를 자연스럽게 말리면 발효액 덕분에 피부가 촉촉해지는 보습 효과를 얻을 수 있다.

예뻐지고 싶을 때도

피부를 예뻐지게 하는 천연 화장품
집에서 천연 비누나 화장품을 만들 때 정제수 또는 플로럴 워터 대신 EM 발효액을 활용한다. 유효 미생물에 의한 부패 방지와 자정 능력, 산화 방지 등의 효과로 인공 방부제를 첨가하지 않아도 안심하고 사용할 수 있다.

화초를 건강하게 가꿔주는 영양제

화초, 텃밭 가꾸기에 관심이 있다면 쌀뜨물 발효액에 물을 500배 정도 희석하여 잎에 스프레이하거나 희석 발효액을 물 대신 주면 식물이 잘 자란다. 진딧물 등 해충을 예방하고 영양제로도 활용할 수 있다. 비료를 주거나 농약을 뿌리는 것보다 생태계를 해치지 않고 오히려 복원해주기 때문에 조금 번거롭더라도 시도해 볼 만하다.

닫는 글

세월이 가면

오늘은 몰라요. 당장은 알 수 없어요. 오늘 내가, 내 몸에게 했던 일들이 어떤 결과를 낳게 될 것인지를. 지나야 알겠죠. 조금 더 지나고, 조금 더 살아야 그때서야 깨닫게 될 거예요. 그렇지 않겠어요? 허둥대면서 사느라 놓치는 것들이 참 많습니다. 바빠 가느라 꼭 챙겨야 할 것들을 외면하기도 합니다. 그 중에 가장 두려운 것이 건강하기를 포기한 채 사는 일입니다. 몸이야 부서지든 말든… 어쩌면 우리는 모두 그렇게 살았고, 지금도 그렇게 살고 있는 것 같습니다. 서두르지 않고, 충분히 기다리고 아껴 주면서 키운 아이와 그렇지 못한 아이는 다를 거예요. 음식도 그렇습니다. 세월이 거두고 키운 음식에는 말로 다 표현할 수 없는 귀한 보물이 담겨 있지요. 자라는 아이에게, 사랑하는 내 가족들에게 그렇게 값진 음식을 먹일 수 있다면 이보다 더 좋은 일이 또 있을까, 싶습니다. 발효 음식이란 곧, 기다릴 줄 아는 인생과도 같습니다. 천천히 익어야 깊은 맛이 나는 법이니까요. 밥상 개혁부터 시작하자고, 그 말이 하고 싶어 책 한 권을 꾸렸습니다. 사실 발효란 엄청나게 방대한 무엇이라서 알알이, 차곡차곡 전부 담지는 못했습니다. 그저, 바쁜 일상 속에서 짬짬이 읽으며 쉽게 실천할 수 있는 아주 가벼운 발효 레시피라고 해야 옳을 것 같습니다. 이 책의 독자들, 그 가족들까지도 한 가지씩 따라하면서 한 걸음씩 건강해지는 기분을 느낄 수 있게 된다면… 참 행복할 것 같습니다. 이상, 수다쟁이 〈에프북〉이었습니다.

참고 도서

『효소 만들기 비법 노트』 신용철 | 일월담
『효소의 비밀』 쓰루미 다카후미 | 싸이프레스
『과일 효소 레시피』 시마즈 히로미 | 보누스
『체형별 효소 다이어트』 마쓰자키 미사 | 미디어윌
『EM 발효액·비누·화장품 내 손으로 DIY』 이정미 | 건강다이제스트
『EM 효소 행복비결』 유정룡 | 잎파랑
『클린』 알레한드로 융거 | 쌤앤파커스
『미생물의 신비 발효』 김정·장정오 | 주니어김영사

그동안 패스트푸드를 너무 먹었어!
生活 발효

초판 1쇄 발행 2015년 3월 16일

지은이 | fbook 편집부
펴낸이 | 김우연, 계명훈
기획·진행 | fbook
           김수경, 김연, 배수은, 박혜숙, 최윤정
마케팅 | 함송이
경영지원 | 이보혜
디자인 | design group ALL(02-776-9862)
사진 | 한정수(Studio etc. 02-3442-1907)
일러스트 | 문영숙
스타일링 | 김옥란, 김이연
교정 | 김혜정
인쇄 | 미래프린팅
펴낸 곳 | for book 서울시 마포구 공덕동 105-219 정화빌딩 3층
        02-753-2700(판매) 02-335-3012(편집)
출판 등록 | 2005년 8월 5일 제 2-4209호

값 7,000원
ISBN 978-89-93418-99-6   13590

본 저작물은 for book에서 저작권자와의 계약에 따라 발행한 것이므로
본사의 허락 없이는 어떠한 형태나 수단으로도 이 책의 내용을 사용할 수 없습니다.

※ 잘못된 책은 바꾸어 드립니다.